林徽因传

倾我所能去坚强

林希美 著

北方文艺出版社

图书在版编目（CIP）数据

林徽因传：倾我所能去坚强 / 林希美著. —— 哈尔
滨：北方文艺出版社，2018.10（2020.7 重印）

ISBN 978-7-5317-4130-5

Ⅰ.①林… Ⅱ.①林… Ⅲ.①林徽因（1904-1955）
–传记 Ⅳ.① K826.16

中国版本图书馆 CIP 数据核字（2018）第 190669 号

林徽因传：倾我所能去坚强

Linhuiyin Zhuan Qingwo Suoneng Qu Jianqiang

作　者 / 林希美

责任编辑 / 王　丹　赵　芳　　　　　　　装帧设计 / 锦色书装

出版发行 / 北方文艺出版社　　　　　　　邮　编 / 150080

发行电话 /（0451）85951921 85951915　经　销 / 新华书店

地　址 / 哈尔滨市南岗区宣庆小区 1 号楼　网　址 / www.bfwy.com

印　刷 / 三河市南阳印刷有限公司　　　　开　本 / 880×1230　1/32

字　数 / 164 千　　　　　　　　　　　　印　张 / 9

版　次 / 2018 年 10 月第 1 版　　　　　　印　次 / 2020 年 7 月第 4 次印刷

书　号 / ISBN 978-7-5317-4130-5　　　　定　价 / 35.00 元

序：不辜负每一段岁月

初春，乍暖还寒，万物一片萧条景色，这般光景，最适合屋内煮茶，阅读静默时光。读书累了，抬眼望到那荒凉风物，心中默然期许，那热闹的春天怎么还不来，真叫人等得心急。

心急，不过是因为读了一首诗，那诗中说："你是一树一树的花开，是燕在梁间呢喃，——你是爱，是暖，是希望，你是人间的四月天！"

莫名喜欢这句"你是一树一树的花开"，读着诗，眼前便出现了万物热闹的景色。真想这盛春早点儿来，然后去赶赴一场又一场花事。不过，这诗中的"你"，又指谁？有人说是徐志摩，有人说这是写给儿子梁从诫的诗，还有人说，她才是人间最美的四月天。

她出身名门世家，天生丽质；她出国留洋，一心有所建树；

倾我所能去坚强

她才华出众，一生被众多男性倾慕；她身逢乱世，从不向命运低头；她身患重疾，依然坚持自己的事业……她是林徽因，是诗人、作家、建筑学家。

初识林徽因，源于她与徐志摩轰轰烈烈的情事，两个诗人的爱情想必是浪漫的、别样的，为着那别样的风景，一下子跳进了她的情感世界。再识林徽因，才知道她喜欢着一袭素袍，焚香插花，在窗前埋头写作。她是美的，美得风华绝代，从容优雅，她的才情和心灵世界，很难不让人去探索。最后认识林徽因，她已变成普通的"梁家"妇女，拖着重疾的身体过着颠沛流离的生活，为了生计不得不当衣服、钢笔、生活用具……她不抱怨生活的艰苦，不抱怨命运，在绝境中致力于建筑学。在困难面前，她没有倒下，在疾病面前，她坚强地撑过一个又一个春秋冬夏，她的精神很难不让人受到鼓舞，得难不被她深深打动。

在世人眼中，她是绝代佳人，一代才女，那确实是她生命中重要的一段岁月，可她的一生，也扑在了建筑和设计上，她的贡献，这是无论如何也无法抹去的。

在爱情里，她一生遇见了三个男人：徐志摩、梁思成、金岳霖。她爱得清醒，爱得坦荡荡，就连她的丈夫梁思成也说，她不把自己当成一个傻丈夫，她坦白，她信任他。最终，他们这对"苦命"夫妻，一路经历了许多磨难，痴心不改地相守了一生。

林徽因的一辈子，爱过，痛过，幸福过，绝望过，坚强过……

流浪滚滚红尘，静守绝世爱情

无论在爱情里，在诗歌里，抑或在建筑里，她珍惜着每一分每一秒，把时间当成最宝贵的东西。她与时间抗衡，与死神抗衡，向老天索要着为数不多的时间，靠着坚强的意志，忍着病痛，奋斗在建筑事业上。

为了建筑，她耗尽了最后一丝气力，直到再说不出一句话来。每个人，一生有四季，然而她，仿佛只活了一季。她用生命盛开，用坚强的意志努力绽放，用枯病的身躯吐着春天的朝气……她是一树一树的花开，永远停留在了人间四月天。

不知不觉，东风穿过街头巷尾，走过流水人家，窗外已然春色浩荡，枝上繁花喧闹。走出去，迎春花、桃花大片大片地开了。欣赏着这般光景，再没了热闹的景象，无端莫名地伤感起来，不知，是谁滋养了这春的绚烂。

是某种神秘的力量吧，可到底是什么力量呢？

我知道，是坚强的力量，这股力量，使她永远绚烂多彩，永远阳光明媚，永远向阳而生。

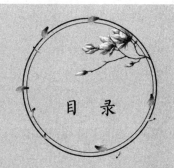

目 录

第一章

原生家庭：没有什么是宿命

 **高贵的林家**

　　时光微凉，一场远去的往事被春风吹拂，翻开了一幅绝美画卷。一个人，一本书，一杯茶，一段午后时光，就这样打开了一个人的一生。她风华绝代，她才貌双全，她素然优雅，她多情也无情……

　　无论她一生犯过多少错，爱过多少人，又经历多少沉浮，她永远是那个自强不息，不肯放弃成长的女子。

　　世人对她似乎有些误解，认为她是一个用情不专，只会弄诗谈文的女子。事实上，她为了做学问，吃过不少苦；为了探索中华古代建筑，付出了毕生的心血。她是中国著名的文学家和建筑学家，胡适称她为"中国一代才女"。她的成就与才华，哪个男子能不爱慕？她的聪慧与美貌，谁能不动心？她的境遇与苦难，谁又能不为之动容？花开花落，一年四季，然而只有她，永远活在人间四月天。

倾我所能去坚强

这位女子便是林徽因。

提到林徽因，离不开她一生中最重要的三个男人：梁思成、徐志摩和金岳霖。的确，一个风华绝代的女子，身边必然聚集无数倾慕者。他们风流倜傥，有才华、有思想、有学问，在这些男子面前，想必任何一位女子都做不到心如止水吧？她纵然有智慧的头脑，终究是人，是人，就有逃不开的情劫。不过，她到底是聪慧的，在情感面前，她没有越界一分，一生忠于自己的家庭。

也正因如此，她才成了绝世女子，成了人们学习的榜样。她的一生，在薄薄的纸张上被记录下来，组合成了一本沉甸甸的书籍。就像我们每个人的一生，无论平淡与跌宕，终究是厚重的。

1904年6月10日，林徽因在杭州出生了。祖父林孝恂喜得孙女，不由自主地想起了《诗经·大雅》里的诗句："思齐大任，文王之母。思媚周姜，京室之妇。大姒嗣徽音，则百斯男。"祖父为她取名为"徽音"，希望她可以拥有美好的品德。

徽音改名为徽因是1935年的事，那时她开始在报纸和杂志上发表文学作品，有一位经常写诗的男作家名叫林微音，报纸杂志在刊发两人作品时常常搞混，为此，林徽因为自己改了名字。

徽因说："我倒不怕别人把我的作品当成了他的作品，我只怕别人把他的作品当成了我的。"

徽因出生之前，林氏家族是福建一带的名门望族，因后代不

原生家庭：没有什么是宿命

思进取而致家道中落，沦为布衣。家族的衰败，让林徽因的祖父林孝恂奋起读书，渴望恢复家族荣誉。1889年他考取进士，在翰林院做编修的工作。原本，他靠着自己的努力闯出了一片天地，理应报效国家，为国为民担起大任。可是，为官之道并非满腔热忱就能成就。他因家境寒微，在京为官又需左右逢源，于是有了外放的想法。一次，翰林院年度甄别考试，他借此机会故意写错一个字，暗示上级官员自己的外放想法。之后，他顺利离京，来到浙江一带，历任金华、石门、仁和、孝丰知县和海宁知州。

他虽是晚清旧朝官员，为人却很开明，注重中外兼修，重视子女教育，而且不分男女。在任期间，他创办了养正书塾、蚕桑职业学堂，是清朝末年创办新学的先驱者。

林孝恂有两男五女共七个孩子，林徽因的父亲林长民是家里的长子。林长民继承了林孝恂的高贵品格和爱读书的热情，和家里的弟弟妹妹们一起读国学，学习新学，从小打下了坚实的国学基础，同时又得到了新学的启蒙。

父亲林长民一共娶了三房妻子，原配叶氏婚后不久便去世了；之后他又娶了何雪媛，她便是林徽因的母亲。雪媛为林长民生了两女一子，但两个孩子接连夭折，只有长女林徽因长大成人。

何雪媛出身商贾小家，从小娇生惯养，不善女工和持家，又没读过多少书，和林长民没有共同语言，甚为不合。没多久，林长民又娶了第三房妻子——程桂林。

倾我所能去坚强

林长民与程桂林感情极好，婚后共生下一女四子。她虽然也无多少学识，但年轻貌美、性情温和，深得林长民宠爱。林长民和程氏之间的恩爱，刺激到了何雪媛，使她性情更加暴烈，与林徽因的关系也变得僵硬，给林徽因的童年留下了巨大的阴影。

对于林徽因来说，童年的记忆是痛苦的，这也直接影响了她以后的人生选择。1937 年 4 月 18 日，她在《大公报》文艺副刊上发表的小说《绣绣》，直接道出了她的心声。

小说写的是一个叫绣绣的女孩生活在一个不幸福的家庭中，母亲懦弱无能、狭隘多病，父亲娶了新的妻子，又生了孩子。绣绣的童年挣扎在父母无穷无尽的争吵中。这个家庭没有爱，没有温情，只有亲人之间的仇恨与矛盾，绣绣最终因病死去。

小说的最后，林徽因以"我"的口吻写道："那时我对绣绣的父母两人都恨透了，恨不得要同他们说理，把我所看到的各种情形全盘不平地倾吐出来，叫他们醒悟，乃至于使他们悔过，却始终因自己年纪太小，他们的情形太严重，拿不起力量，懦弱地抑制下来。但是当我咬着牙毒恨他们时……我悟到此刻在我看去无疑问的两个可憎可恨的人，却是那温柔和平的绣绣的父母。我很明白即使绣绣此刻也有点恨着他们，但是蒂结在绣绣温婉的心底的，对这两人到底仍是那不可思议的深爱！"

多年后，林徽因在爱情中做出选择时，也是这种纠结的心态。她明明爱，却不得不放下，选择更爱的家庭。她不似陆小曼，敢

原生家庭：没有什么是宿命

爱敢恨，即使被枪逼着头，也要选择自己的爱情。她是冷静的，做出的是思索之后更为成熟的选择。

儿时的林徽因，不能对人生做出太多选择。她除了选择承受家庭的矛盾外，唯一能做的就是读书。林徽因 4 岁时，祖父让她跟着三个表姐一起读书，由大姑母教学。这时的她，是开心的，快乐的。她年龄最小，却最为用功，每次叫她背书，她总能滔滔不绝，她口齿伶俐清晰，大姑母常常夸赞她聪颖灵秀。

瘦死的骆驼比马大，林家即使无法恢复往日辉煌，骨子里到底是高贵的。他们重视子女教育，注重中外兼学，眼光放得长远……这种宝贵的精神，成就了日后的林徽因。许多父母总是说"不要让孩子输在起跑线上"，其实，真正的起跑线，不是优越的物质条件，也不是贵族学校，而是父母的教养与教育。

父母是孩子的开路者，路不对，什么都错了。人生也是如此，自己选择的路，眼光更要放得长远，一时之利不贪也罢。身体是灵魂的装饰品，唯有灵魂的自由度才能拓宽人生的道路，因此，你不必过于奔命，需让灵魂上路，至于得失，随缘就是最好的结果。

基因里的不服输

　　每个人来到世界上，都渴望荣华富贵，平安如意。可在纷扰的世间，没有谁一生是平坦的。面对苦难与矛盾，有些人选择就此沉沦，有些人选择勇敢面对，还有些人冷眼观察，变成了哲学家……

　　林徽因的童年并不如意，上苍给了她一个优秀的家庭，一个爱她的父亲，还给了她一个不争气的母亲。

　　林徽因的母亲，14岁时嫁给了林长民，成了他的二夫人。她生下林徽因后，又诞下小女儿麟趾。林长民没有旧式观念，儿子女儿一样对待，对她们喜爱有加。都说母凭子贵，可是何雪媛却没有因为两个女儿，得到林长民的厚待与宠爱。

　　何雪媛31岁那年，小女儿麟趾因病夭折。整日沉浸在悲痛中的她，没多久迎来了更加残酷的现实——林长民再娶了，一个叫程桂林的女子嫁进了这个家。从此，林徽因和母亲过着被林长民冷

原生家庭：没有什么是宿命

落的生活。

程桂林进门后，为林长民接连生下几个子女，更深得他的喜爱了。此后，林长民更喜欢待在前面的大院里，对后院的徽因和何雪媛不闻不问。

前面大院里整日一片其乐融融的笑声，让徽因和何雪媛很不是滋味。纵然林长民依然喜爱徽因，但在徽因的心里，这个父亲似乎被人"夺走"了。

林长民从外面买回来的玩具、新奇的物件，都放到了前院。弟弟妹妹们整日欢声笑语，玩得不亦乐乎。林徽因很喜欢前院堂屋里的自鸣钟，这钟上有个小门，小门里有一只小鸟，到了整点，小鸟就会从门里跳出来点着头叫，几点钟就会叫几声。她喜欢前院，喜欢那些新奇的物件，她玩得忘乎所以。

每次林徽因从前院开开心心地回来，总会被母亲无情地数落。何雪媛抱怨自己命苦，抱怨林长民不疼爱自己，她边抱怨边哭，有时还会哭死去的小女儿，若不是小女儿夭折，怕是不会沦落到今天这番境地。

前院后院形成了强烈的反差，也让小小的徽因在心里多了一些思考。她爱自己的母亲，但她无法认同母亲的抱怨与悲痛。在她看来，抱怨是没用的，父亲更喜欢温柔体贴、博学多识的女子。与其整日哀怨，不如多读一本书，多写一行字，与父亲找到共同语言。

林徽因爱父亲，但也怪他对母亲过于冷漠。她努力表现自己，

倾我所能去坚强

试图得到父亲越来越多的爱，好让父亲多看母亲一眼，但一个人的命运，终究只能掌握在自己手里，别人帮不了她。

林徽因也爱那些同父异母的弟弟妹妹，却在处理这些情感时，不得不考虑母亲的感受，生怕伤了她的心。

这一切在徽因心里，留下了深刻痛苦的记忆，对她日后的性格形成影响深远。当她面临爱情的抉择时，她不似张幼仪，听从命运的安排；也不似陆小曼，勇往直前，不考虑后果；更不似张爱玲，把头低到尘埃里……

她是现实的，永远知道自己要什么，知道自己要发光发热，用才华，用学识，照亮身边的人。

家庭对于她的伤害，儿子梁从诫在忆念母亲的文章里曾写道："她爱父亲，却恨他对自己母亲的无情；她爱自己的母亲，却又恨她不争气；她以长姊真挚的感情，爱着几个异母的弟妹，然而，那个半封建家庭中扭曲了的人际关系却在精神上深深伤害过她。"

半封建家庭的扭曲，没有扭曲徽因的心灵。她把这些伤害化作动力，变得更爱读书了。林长民注重家里孩子的教育，为孩子请来了国学大家林琴南，还邀请了外籍家教教孩子们英语、日语。

林徽因对读书有渴望，整日围在家教身边，问他们自己不懂的问题。她的问题，有时有答案，有时外教也不知该如何回答，总是弄得啼笑皆非。也正是这样的教育，为她的国学和英文打下了坚实的基础。

第一章

原生家庭：没有什么是宿命

1909 年，林徽因 5 岁了，这一年她离开了杭州的陆官巷，随着祖父母去了杭州蔡官巷的一处宅院。那里黛瓦白墙，院子里种了海棠和枇杷，是一个充满诗意的居所。

在林徽因儿时的启蒙教育中，还离不开一个重要的人，就是她的姑母——林泽民。

林泽民是清朝末年远近闻名的大家闺秀，从小接受私塾教育，对诗词歌赋、琴棋书画无一不通。那时，林长民忙于政事，整日不在家，教育孩子的责任，落到了林泽民的身上。她虽然已出嫁，但经常回娘家，与孩子们在一起。

林徽因抓住这些机会，下课后的时间也不放过，经常和姑姑再学一会儿。就这样，她在一本本书籍中汲取着知识，不懂就问，懂了就实践，逐渐把想法变成了笔下的文字。

都说林徽因长得像祖父林孝恂，其实她的性格更像祖父。当年，林孝恂为了恢复家族荣誉，刻苦读书，最终完成了自己的心愿。而林徽因的不服输，不得不说，更多的是对抗父亲的不公。若不是她刻苦用功，日后也不会被林长民捧为掌上明珠，成为他的骄傲，有机会四处远游。

后来林徽因也明白，并非父亲薄情，而是他与母亲之间没有交集。一个不被欣赏的人，多数得不到另一些人的爱。人生苦果，多数自己酿下，要么忍苦饮下，隐忍着难以下咽的苦涩；要么奋力抗争，从苦果中挣脱出来。除此之外，别无他法。

倾我所能去坚强

这种不服输，努力成长蜕变的态度，影响了林徽因一生。她深知，夫妻之间的厌倦，并无对错，只是其中一方不思进取，无端生出许多人间悲剧。林徽因去世后，梁思成对再婚的妻子林洙说，林徽因是个很特别的人，她才华过人，所以做她的丈夫很不容易。

徐志摩为她写诗，金岳霖为她终身不娶，陪伴了她一生的爱人梁思成也说做她的丈夫不容易。这样一个高贵的女子，世间哪个男子能跟得上她的脚步？

关肇邺在《忆梁先生对我的教诲》中写道："在先生那朴素而高雅的书房里，经常可以听到梁林对学术上不同观点的争论。……有时争得面红耳赤，但都有很充足精深的论据。我在旁静听，极受教益。也常有某一雕饰在敦煌某窟或云冈某窟、某一诗句出于何人之作等的争论而比记忆力，等到查出正确结论，都一笑而罢。这些都使我感到多么像李清照和赵明诚家庭生活中的文化情趣。"

没有谁的才情是从娘胎里带来，更没有谁的学术不努力就长到脑子里……

当你孤独行走在人生路上，不要因为寂寥，用娱乐典当时间过活。我们应该丰满自己，像蝶，似鹰，抑或如莲修行，做那不抱怨不悲叹的女子。人生没有绝对的成功，成功不过是别人评价你的一种方式，然而，我们不需要别人的评价，我们需要的是自己对自己的肯定。

这世上，有人看重过程，有人看重结果，我们所做的不过是

第一章

原生家庭：没有什么是宿命

将不服输的劲头保持下去，带着它上路，走过山重水复，笑看起
落人间。

诗意人生崭露头角

    画家陈丹青在国外游历时，看到过一张凡·高早期的作品。那是一幅浑小子站在海边的小画，那画寥寥几笔，连细节都没有，却让陈丹青连连称赞，五体投地。多年后，画家李小东在陈丹青家里看到了这幅小画，他几乎把眼睛贴到了画上，看完后无比佩服地说了一句：画得太牛了。

    在艺术家的眼里，艺术是天生的，即使是练习作品，也让独有的天分展露无遗。然而，每个人一出生，都是天生的艺术家，但随着岁月的流逝，现实的打磨，这天分生生泯灭了。林徽因出生在重视学问的家庭里，她的诗意天分不仅没有被泯灭，反而得到了家人朋友的肯定，这让她日后在文学界发光发热，成为一道靓丽的风景。

    1910 年，林长民从日本早稻田大学毕业。回国后，在家乡福

原生家庭：没有什么是宿命

建创办了福州私立法政学堂，并担任该学堂的校长。第二年，武昌起义爆发，他将学堂交与别人打理，开始了革命宣传的工作。这段时间，他一直奔走于上海、南京、北京等地。

这一年，林徽因的祖母游氏因病去世，祖父身体欠佳，而母亲又不懂文字，弟妹年纪尚小，姑母经常回婆家，家里的情况只好由徽因向父亲写信报告。

林徽因6岁时，不巧感染上了水痘，按福建老家的叫法，叫作出"水珠"。得了这种病，其他孩子大多会哭闹不止，但林徽因的脸上却整日挂着笑容。在她看来，这脸上的水痘晶莹剔透，又得了"水珠"这样的好名字，实在不知道该如何对它讨厌起来。

往常的时候，徽因会与前院的弟弟妹妹们一起读书，但她生了水痘，姑母怕她感染其他孩子，只好把她关在后院。那时，她期盼有人来看她，她不喜欢这样的"囚禁"，苦恼与期盼的心事不知与谁诉说。

越是孤独、寂寞的时刻，人们往往越能看清自己的内心。小徽因躺在床上无事可做，总想拿起笔写上几个字，可是姑母明令禁止她下床，怕她碰破了水痘留下疤痕。她望着屋内桌子上映着的金色光辉，愣愣地出神。她在幻想，想着自己假如能坐在桌前写字、读书、赏花，该是多么美丽的场景啊。

想着想着，她又笑了，觉得自己不那么孤独了。一个人的时光，有什么不好？她有阳光为伴，有窗外的鸟儿为伴，有案头的花为伴，

倾我所能去坚强

这便够了。

多年以后林徽因才明白，这莫可名状的小欢喜，她脑子里的幻想，都是一幅幅诗意的画卷。什么叫作诗意？就是某个黄昏，你看到那太阳的光辉，有一种说不出的感觉，这就是诗意。这种诗意的感觉人人有，只是有些人把它记录了下来，就成了诗人。

所以，不要怀疑你自己的感受，没有谁比你更懂你。林徽因也是如此，她肯定自己，无论何时都相信这不可名状的美是诗意。

后来，林徽因因病在山中静养，大部分时间只留她一人，她不再感到寂寞，而是在此期间创作了许多诗歌和小说。

她喜欢穿一袭白睡袍，焚一炷香，在案头上放几枝花，在窗明几净的窗前低眉写作。她看到风雅至极的自己，便与丈夫梁思成感慨地说："我要是个男的，看一眼就会晕倒！"梁思成故意气她："我看了就没有晕倒。"

其实，梁思成对自己的朋友说过："中国有句俗话'文章是自己的好，老婆是人家的好'，可是对我来说是，老婆是自己的好，文章是老婆的好。"

林徽因不怕别人的否定，她一直肯定自己，无论儿时，还是后来。也正是这样的肯定，才让她的诗意化作笔下的文字，成了一篇又一篇动人的诗篇。

在林徽因 8 岁时，父亲林长民长居北京，而全家则由杭州搬到了上海，他们一家住在虹口区金益里。在上海，徽因与表姐妹

原生家庭：没有什么是宿命

们一起在爱国小学读书，并读到了二年级。

她虽然年纪不大，但却承担起了照顾祖父的责任。她的懂事、冰雪聪明，得到了老师的喜爱。那段时间，她有空了就读家里的藏书，欣赏家中收藏的字画，度过了一段惬意又平静的岁月。

1916年，林长民在北洋政府任职，12岁的林徽因跟随全家从上海迁居到了北京。在北京，她和表姐们就读的是英国教会创办的培华女子中学。这是一所贵族学校，老师全是外籍的，授课全部使用英文，并且学校还有严格的校规，学生平时必须住校，周末才能回家。

这所学校，校服是根据每位女孩的身材量身定做的。周末回家后，徽因和表姐们一起去了照相馆，为这段寄读的岁月留下纪念。

学校的生活，对于大多数女孩来说，是快乐的，她们凑到一起，总有说不完的话。可是，表姐们知道徽因并不快乐，她总是盼望着回家，担心着家中的母亲。可是，每次回家后，她又会感觉到

1916年，林徽因与表姐妹们身着培华女子中学校服合影。右一为林徽因

倾我所能去坚强

家庭的压抑，总有一种说不出的沮丧。

母亲在家中不讨喜，徽因又没办法守在她身边，为此母亲常常一个人偷偷落泪。北京，与南方的城市截然不同，这是一座霸气的城市，无论女子如何诉说自己的心事，在这座城市里似乎都注定被淹没。

这份对于母亲的牵挂，对于家庭的无奈，她一直批判着，同时又自我化解着。她总是能一眼看透表象背后深刻的道理，这为她日后写小说打下了坚实的基础。她在小小的年纪里，就这样观察着，思索着，渴望着长大，渴望着有一天能守在母亲身边。

1920年，林徽因16岁了，这些年她一直在培华女子中学读书。表面上看，时光变换了女孩们的身体和音容笑貌，可是林徽因自己知道，她增长最多的是知识，当然她的举止与谈吐也日渐优雅。

这位美丽聪慧又热情的女孩，无论在同学中，还是在家里都是优秀的，出挑的。与她相反，林长民这些年却总是在仕途和抱负中屡屡受挫，不过，他从来没有放弃过自己的理想。

这一年，林长民终于迎来了自己的机会。他是"国际联盟中国协会"的会员，他以会员身份被政府派去欧洲访问考察。他觉得这是一次提升见识的重大机会，思来想去，唯独徽因深得他的喜爱，于是，林长民决定偕女同行。

北京的早春时节，阳光明媚，却又春寒料峭，徽因收到了远方父亲的来信，信中写道："……我此次远游携汝同行，第一要

第一章

原生家庭：没有什么是宿命

汝多观览诸国事物增长见识；第二要汝近在我身边能领悟我的胸次怀抱；第三要汝暂时离去家庭繁琐生活，俾得扩大眼光，养成将来改良社会的见能与能力……"

徽因捧着父亲的信读了又读，生怕这些字转瞬即逝，生怕自己从梦中醒来。待她确定这不是梦时，她激动地将信件贴在胸前，口里开始欣喜地念叨：欧洲——到欧洲去。这真是千载难逢的机会呀，她的心里，仿佛有一万朵鲜花倏然绽放。

这次考察为时一年半，徽因不知道自己会遇到谁，也不知道这一去对她的一生将影响深远，她更不知道，她的诗意再不是脑袋里的不可名状，她要将这不可名状的感觉写成文字，变成诗歌，被欣赏的人广为传唱。

林徽因的童年，与许多人都不一样——她有一个高贵的家庭，享受了良好的教育，所以成就了她的不凡；但她与许多人的童年又没什么不同，都不过是"普通"家庭，也享受了不错的教育。但却极少有人能成为林徽因，这其中最大的原因，便是她享受的是"探讨"式教育，而我们享受的是"命令"式教育。

在大人眼中，孩子是不懂事的、没有思想的，一切只能听从大人的意见。而孩子的诗意想法，在大人看来，也不过是幼稚的幻想，都被扼杀在了摇篮中。

当我们不再诗意，无论来多少场说走就走的旅行，都只不过是场景的切换，而不是见识与成长，更不是不可名状的收获。

有些人可能觉得，"诗意"并不重要，人最终要归于现实。可是这些人并不明白，没有诗意，永远没有创意，更不会创造出事业上的非凡成就。

在这个讲究创意的时代，诗意是比现实更现实的社会能力。

原生家庭：没有什么是宿命

 踏遍万水千山

无论何时，行万里路和读万卷书都是一样重要。只有当一个人看尽世间繁华，才会懂得取舍，懂得人生灵魂安放何处。人不该守一座城终老，而应该踏遍万水千山，去见识更多的风景。即使某一天决定择一城终老，到底是不一样了，归来的自己，是为灵魂找到了一所归处。

林徽因跟随父亲远游欧洲，是一次丰富阅历的机会，同时也找到了她心灵上最大的归宿——建筑。1920 年初夏，林徽因和父亲经过两个多月的海上行程，终于来到了欧洲。按照出访计划，父亲带着徽因游历了法国、意大利、瑞士、德国、比利时等国家。这样的旅程，给她留下了非常深刻的印象。

一处处文化名胜，一间间博物馆，一条条宽阔的街道，他们都一一走过。欧洲与中国到底是不一样的，异国的风土人情常常让徽因感到惊讶。林长民让徽因多多关注工厂、报馆，因为这些地方体现了现代资本主义的生产方式和经营方式，对中国社会今后的改良有着借鉴学习的意义。但林徽因对这些并不感兴趣，她更喜欢这里的建筑，它们神秘而气派，像一幅幅色泽古黯，散发着高贵气息的画作。

游览之外，林长民并没有忘记此番前来欧洲的目的，他要出席"国际联盟协会"的会议，要与各地有关人士见面，不时还要应邀去各地演讲，接待慕名前来拜访他的留学生和华人社团成员。

父亲无暇顾及徽因时，她便一人等在伦敦的寓所里。1920年9月，林徽因以优异的成绩考入 St.Mary's College（圣玛利学院）学习，总算能打发一个人的时光。不过，更多的时候，林徽因还是一个人。她常常一本接一本地阅读英文著作，许多名作家的诗歌、小说、剧本等，她都一一阅读。北京培华女子中学培养了她较好的英文功底，如今这些原著读起来一点儿也不费劲。当林长民有客人来寓所时，她立刻变身为女主人，参与到父亲的各种应酬中，用英文与各界文化名流交流，这为她后来的文字创作奠定了深厚的基础，也革新了她的世界观。

林徽因所住的寓所，房东是一位女建筑师。闲来无事的时候，林徽因经常与她一同出去写作、作画。异国他乡，每一寸土地都能带给她新鲜的感受。她一边看女房东作画，一边听她讲关于建筑的艺术。徽因这才知道，原来建筑不是盖房子，更不是简单地

原生家庭：没有什么是宿命

搭建生存的庇护之所，有些建筑还承载了艺术表达。

她回忆起年幼时家中收藏的字画，那画里有雄奇的山川，坚挺的松柏，简约的房舍和茅草屋……如今看来，全都是艺术的完美呈现。

原来，一株草、一朵花、一棵树、一块石头都是不平凡的，它们都是大自然鬼斧神工的艺术作品。不知不觉，林徽因的建筑之情，就这样植入了她的生命里。

1920年，林徽因在伦敦

为了更加深入了解建筑，林徽因走遍了英国的大街小巷，游览那里的各式建筑，并记录下来它们的色彩、形状，回家之后再翻阅书籍，了解建筑的历史与由来。林徽因对建筑十分痴迷，觉得通过建筑打开了她看世界的又一扇大门。

林长民虽然希望林徽因关心国家大事，将注意力放到改良中国社会上，但看到林徽因痴迷于建筑，并没有对她过多干涉，而是鼓励她多去做，甚至给她必要的帮助，带她拜访建筑业的大家，休闲时也会带她多多游览建筑。

在林长民的帮助下，林徽因关于建筑的大门正式打开了，她

倾我所能去坚强

迅速给自己定下目标，一定要在建筑上有所建树。

在外人看来，林徽因在欧洲那段时间是忙碌的、充实的。但其实只有她自己知道，忙碌过后的她，也会感到寂寞。16岁，正是花一般的年纪，哪个少女不怀春，哪个少女不做梦呢？

林徽因在给沈从文的信中，讲述了这段寂寞的时光："……我独自坐在一间顶大的书房里看雨，那是英国的不断的雨。我爸爸到瑞士国联开会去，我能在楼上嗅到顶下层楼下厨房里炸牛腰子同洋咸肉，到晚上又是在顶大的饭厅里（点着一盏顶暗的灯）独自坐着（垂着两条不着地的腿同刚刚垂肩的发辫），一个人一面吃饭一面咬着手指头哭——闷到实在不能不哭！理想的我老希望着生活有点浪漫的发生，或是有个人叩下门走进来坐在我的对面同我谈话，或是同我坐在楼上炉边给我讲故事，最要紧的还是有个人要来爱我。我做着所有女孩做的梦。而实际上却是天天落雨又落雨，我从不认识一个男朋友，从没有一个浪漫聪明的人走来同我玩——实际生活上所认识的人从没有一个像我想象的浪漫人物，却还加上一大堆人事上的纷纠。"

人生有许多事，就是这样不可思议。可能徽因的念力被宇宙接收，她很快迎来了那个爱她且浪漫的男子。

1920年10月，依旧是个雾气蒙蒙的下雨天，一位叫徐志摩的男子走入了徽因那个顶大的寓所。不过，这位年轻男子是来拜访林长民的。

第一章

原生家庭：没有什么是宿命

徽因像往常一样招待这位男子，为父亲和客人准备点心茶水，对这位叫徐志摩的男子并没有放在心上。她只知道，徐志摩刚刚从美国哥伦比亚大学转学到伦敦，与一位叫张奚若的留学生一同前来。

父亲与这两位年轻人寒暄、交谈，他们谈西方文学、哲学、社会学等。经过一番谈论，林长民对徐志摩大有相见恨晚的感觉，后来他们成了无话不谈的好朋友。

随着林长民和徐志摩交往的深入，林徽因和徐志摩也渐渐熟悉起来。林长民经常在徐志摩面前提到他的爱女林徽因，徐志摩早就对她产生了好奇心。当他们深入接触后，徐志摩渐渐爱上了这位清雅秀丽、不谙世事的小姑娘。

徐志摩对林长民说，这是一个可以对话的朋友。林长民听完十分骄傲地说："做一个有天才的女儿的父亲，不是容易享的福，你得放低你天伦的辈分，先求做到友谊的了解。"

被林长民一夸赞，徐志摩对林徽因更好奇了。他走进她的世界后，发现她读书很多，思维很跳跃，总能说出明澈清新的见识，甚至对文艺作品的理解和表达，甚至超出了她这个年龄应有的悟性。

身居异国他乡，林长民常常不在家，徐志摩没事的时候，就去找林徽因聊天。徐志摩的出现，填补了她生活上的无聊和空虚。他便是那个给她讲故事、爱她、同她玩、浪漫的男子。

不仅如此，他还陪着她游览建筑，听她讲述自己对于建筑方

倾我所能去坚强

面的看法。他被她迷住了，她的北京话略带一点儿福建口音，不时还会掺杂几句英文，听她讲话，对于徐志摩来说完全是一种享受。

当徐志摩发现徽因有着诗意般的心境时，他开始聊自己擅长的诗歌、文学，让她勇于表达自己在创作方面的灵性。

不久后，徐志摩所有的创造热情被徽因激发了，他开始赞美生活的美好，赞美徽因的美丽，她渐渐在他眼神中看到异样的情感。那情感，不是友谊，而是眼神里带着不可名状的点点秋波，是爱吗？

这一年，林徽因16岁，徐志摩23岁，对于一个年轻有才华又风流倜傥的男子来说，正是大好年纪啊。只是命运有时候总是爱跟人开玩笑，徐志摩年纪虽然不大，却早已有了家室，并且是一个2岁孩子的父亲。

与其说林徽因踏遍了欧洲的万水千山，不如说她还踏遍了心中的万水千山。感情的事，是"直教人生死相许"的深情，是"争教两处销魂"的水深火热，更是"一生一代一双人"的美好幻想。

她只有16岁，她不知道该怎么办了。都说建筑是艺术，在徐志摩这所"建筑"面前，她所有的想法与理论都不管用了。

相识是缘，相知是分，他们两个人凑到一起，似乎注定是一场缘分。如同我们大多数人的爱情，在一刹那便爱上了，以为这是命中注定的相遇，以为这是缘分，但经过水深火热的纠缠与纠葛之后才知道，原来真正的缘分并不会带给人生太多起落。它就像一场春风，带来的是温暖，一路带领着你走向婚姻，迈向幸福

第一章

原生家庭：没有什么是宿命

的最后圣地。

伊能静在《生生世世》中写：可是后来你才发现，这世界上真的有命运和缘分在你的小指上绑着红线，牵引着另一端，只是这条线太长太纠结，所以让你们花了好多时间，才终于找到彼此，确定彼此，而光阴一转竟已是月月年年。

所有的爱情，似乎都要踏遍万水千山才能找到对的人，但是不要怕，那个与你相守一生的人，也同样经历了人生几多风雨。你们在人群中，只需一个眼神，也便懂了这一路的疲惫，你冲他微微一笑，轻轻跟他说："还好你也在这里。"

这便是人世间，最温暖的情话了。

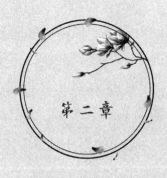

第 二 章

遇见爱情：是绝恋，抑或寻常百姓家

漂洋过海，一场绝伦的邂逅

胡适曾经这样评价徐志摩："他的人生观真是一种'单纯信仰'，这里面只有三个大字，一个是爱，一个是自由，一个是美。他梦想这三个理想的条件能够会合在一个人生命里，这就是他的'单纯信仰'。他一生的历史，只是他追求这个单纯信仰的实现的历史。"胡适先生用简单的一句话，概括了徐志摩的一生，这对于徐志摩来说，是最为公正的评价了。事实上，徐志摩确实如此，当他爱上林徽因后，便不顾一切了，他要追求自由，追求自己的爱和美。

不过，在林徽因眼里，徐志摩则是另外一种样子，这便是"情人"眼里的徐志摩了吧。她说，他是"孩子似的天真"。

林徽因几乎满足了徐志摩对于爱情的所有想象，面对这样的绝世女子，他无法拒绝，也无法冷静。当林长民看到徐志摩和林徽因站在一起十分登对时，便开玩笑地跟宾客说："你们看，我

倾我所能去坚强

们家徽徽与志摩是不是天生一对儿？"

林徽因听到父亲的话，不好意思地红着脸跑开了，站在一旁的徐志摩心里似乎有些得意，他在心里揣摩，这是不是说明他可以追求徽因，追求他理想中的爱情？

徐志摩之所以有这样的担心，因为他还有家庭的束缚，他是另外一个女人的丈夫，还是一个2岁孩子的父亲。

1897年，徐志摩出生于浙江海宁硖石镇，父亲徐申如是沪杭金融界相当有地位和实力的人物。在1915年时，徐志摩听从父亲的意愿，与仅仅只见过一面的张幼仪结了婚。那年，张幼仪也是16岁，对于爱情懵懂未知，但她是爱着这个清瘦又带有书卷气的男子的。

张幼仪是上海宝山县罗店巨富张润之的次女，她在家中排行第八。宝山张家是名门望族，与徐志摩的结合属于家族强强联手，但这桩婚姻"交易"成分过重，徐志摩对张幼仪并没有任何感情。

张幼仪从小接受的是三从四德的教育，认为夫妻间就是安安静静地过日子，但徐志摩讨厌极了这样的思想，他说张幼仪是"乡下土包子"。

当张幼仪怀孕生子，徐志摩仿佛完成了人生中最大的事，他决定追求自己的人生理想。他前往美国，又为了寻找罗素来到英国，本期望跟着罗素学习哲学，但此时罗素已离开剑桥，到中国去讲学了。他一时间不知道该何去何从，甚至想过追随罗素而去。此间，

第二章

遇见爱情：是绝恋，抑或寻常百姓家

他结识了一批英国作家。在作家狄更生的帮助下，他获得了剑桥大学特别生的资格，这才让徐志摩决定留在英国。

剑桥，是他与林徽因经常游览的胜地。他经常带着林徽因来到剑桥，两个人漫步于校园中，在康桥上互吐心事。康河中的水，涓涓流淌着，午后的阳光静静洒落在两个人的身上，林徽因有一种说不出的感动。她觉得上天对她太好了，一个潇洒、浪漫、多情的诗人，就在她眼前。

五年后，徐志摩回忆起这段时光，在《我所知道的康桥》里写道："我这一辈子就只那一春，说也可怜，算是不曾虚度。就只那一春，我的生活是自然的，是真愉快的！（虽则碰巧也是我最感受人生痛苦的时期。）……说也奇怪，竟像是第一次，我辨认了星月的光明，草的青，花的香，流水的殷勤……"

徐志摩与林徽因有多甜蜜，远在中国的张幼仪便有多苦。她与徐志摩刚结婚不久，他就去北京读书了。每次徐志摩给家里写信，从不提张幼仪只言片语，她默默地等待着他回家，等着他终有一天疲倦了，回到她这个温暖的港湾里。

徐志摩一直讨厌旧式女子，但张幼仪有一双大脚。多年后，张幼仪看到徐志摩的"女朋友"有一双小脚时，她说："假如徐志摩打算接受这种女人的话，他为什么不鼓励我上学？为什么不让我学英文？为什么不帮忙让我变得和普通大脚女人一样新潮？为什么徐志摩想和这个女人在一起的程度，超过想和我在一起的

倾我所能去坚强

程度？我并没有一双小脚，年轻的时候也读过书，我的东西可以和这个女人一样多啊！"

张幼仪并不明白，她即使变得和林徽因一样有才华，一样谈吐不凡，依然无法让徐志摩动心。就像天下美女无数，最让男子为之倾慕的，反倒是心中独一无二的那一个。

徐志摩与林徽因的"爱情"，渐渐传到了国内，徐申如知道后，为了挽救徐志摩与张幼仪的婚姻，决定让张幼仪出国。

16岁的林徽因体验着感情里所有的美好，眩晕、喜悦、羞涩、疑虑等，对于她来说，这些感情的体验都是新鲜的。她无法区分这种感情是友谊，抑或是爱情。她一直记得，第一次见到徐志摩时，差一点把他叫作叔叔，这个比自己大七岁的男人，真的可以成为她终生的伴侣吗？

童年的往事，一幕幕出现在回忆里，她不完美的家庭给她带了伤害，让她习惯渴望温暖，渴望被人爱。她后来不止一次跟友人说："……我知道自己其实是个幸福而走运的人，但是早年的家庭战争已使我受到了永久的创伤，以致即使其中任何一丝旧影再现，都会让重回到过去的厄运之中。"

人生如戏，每个人都有自己的无奈，对于林徽因来说，她渴望爱，渴望用爱来填充她不完美的家庭。那些与徐志摩在一起的日子里，连她讨厌的下雨天都变成了浪漫的风景。他们坐在温暖的壁炉前，聊诗歌，聊文学，聊音乐，聊人生与理想。他们总有

遇见爱情：是绝恋，抑或寻常百姓家

聊不完的话题，有说不完的梦，她认为他是那个与自己惺惺相惜的人。

青春年少的爱里，永远没有现实，就像中学生不会想到房子和车子，徐志摩和林徽因似乎也忘记了张幼仪的存在。她并不知道，自己的出现对于徐志摩的家庭来说意味着什么，她只知道，自己动心了。

当张幼仪也来到英国，林徽因的梦才彻底醒了，她沮丧地对自己说："我怎么可能去破坏别人的家庭呢？"

她开始反复思量自己对徐志摩的感情，可能是幻象吧，可能是友谊吧，也可能是感激他的陪伴吧……

林徽因的好友费慰梅在《梁思成与林徽因》中，评价了他们这段感情，她在文章里写道："她是被徐志摩的性格、他的追求和他对她的热烈感情所迷住了……对他打开她的眼界和唤起她新的向往充满感激。……在多年以后听她谈到徐志摩，我注意到她的记忆总是和文学大师们联系在一起——雪莱、济慈、拜伦、曼斯菲尔德、弗吉尼亚·沃尔夫以及其他人。在我看来，在他的挚爱面前，他可能承担了教师和指导者的角色，把她导入英国诗歌和戏剧的世界，以及那些把他自己也同时迷住的新的美、新的思想、新的感受。就这样，他可能为她对于他所热爱的书籍和喜欢的梦想的灵敏的反应而高兴。他可能被自己所编织的热烈情感迷住了，然而她只有十六岁，并不是像有些人所想象的那样是一个有心计

倾我所能去坚强

的女人。她不过是一个住在父亲家里的女学生。徐志摩对她的热情并没有在这个缺乏经验的女孩身上引起同等的反应。"

不是所有的邂逅，都能有好的结果，也不是所有的海誓山盟，都能换来相伴一生。徐志摩遇到林徽因，认为自己遇到了终生的知己，但林徽因却是现实的，无论多爱，她终究不可能做一个破坏别人家庭的女子。

既已知晓，便知该抽身而去，身为女子，当该有林徽因这般透彻明朗。世间多少痴情种，在三角的感情里种下孽缘，终生舍不得逃脱？人终究只有一生，一辈子，不属于自己的缘分就该学会放下，像林徽因一样，是甜是苦都独自吞下，然后相视一笑，转身即天涯。

康桥恋歌，原来爱情是苦涩的

都说，爱情似糖，吃起来是甜的。其实，爱情更似茶，不管多芬芳，总带着略微的苦涩，喝过之后，才能品味出余甘。对于相爱的两个人，都渴望爱情永远如糖般甜蜜，不过，现实永远如茶，它带给你苦涩，也带给你余甘，但最终谁也无法改变——人走茶凉。

林徽因对于爱情的想象，被张幼仪的到来打破了，同时打乱的还有徐志摩的生活。为了节省开支，徐志摩不得不从剑桥附近搬到乡下。离开了林徽因，他对她的想念到了发狂的地步，他这时才清醒地意识到，他爱林徽因，没错。

他的内心在呐喊，他的手不停地给她写信，令他欣慰的是，每次他都能收到林徽因的回信。由于两人写信过于频繁，他们之间的信件，就这样落到了张幼仪手里。等待徐志摩回心转意的张幼仪看到信件没哭没闹，而是平静地告诉他，自己怀孕了，并试

倾我所能去坚强

图用孩子维系住两个人的关系。可是，徐志摩的心根本不在张幼仪身上，他听到后只是冷冰冰地说"打掉他"，之后再也没有理会她。

1921年10月，林长民和林徽因租住的寓所到期了，为期一年半的欧洲考察也将结束了。对于徐志摩来说，他渐渐明白了自己对林徽因的感情，而林徽因却在这段感情中逐渐冷却下来。她似乎渴望回国，这样才能拒绝徐志摩的感情。

当她和徐志摩的"爱情"被传到国内时，徽因的姑姑们对这件大事，提出了反对的意见。她们一致认为，林家大小姐不可以嫁给一个有妇之夫。她们给林长民写信，用激烈的措辞表达出家族的意志和声音。徐志摩似乎被这声音彻底激怒了，他要用自己的实际行动证明他对林徽因的爱，他要离婚。

在那个年代，离婚是一件太过前卫的事，对于张幼仪来说，更是一件令家族蒙羞的事。张幼仪给自己的二哥写信，二哥来信说："张家失徐志摩之痛，如丧考妣……万勿打胎，兄愿收养。抛却诸事，前来巴黎。"

徐志摩的做法，并没有让林徽因感受到他对她的爱，反而让她觉得，自己可能真的要背上骂名了，无论如何，她都不能做那个破坏别人家庭的女子。林长民十分欣赏徐志摩这位有才华的小伙子，但徐志摩对于女儿的爱，他无法接受。面对女儿的求助，他选择带女儿回国，并代替徽因给徐志摩写信："足下用情之烈，

遇见爱情：是绝恋，抑或寻常百姓家

令人感悚，徽亦惶恐不知何以为答。"随后两人动身回家，1921年11月、12月间，已回到家中。

爱情，原本是两个人的事，但徐志摩和林徽因这段感情，似乎成了天下事。

早在1911年，林长民发起过"共和建设讨论会"的组织，并拥戴流亡日本的梁启超为领袖。此后，两人一直关系交好，梁启超对林长民的爱女林徽因大为欣赏，心中早想将徽因许配给自己的儿子——梁思成。

后来梁思成的女儿梁再冰在《回忆我的父亲》中，有那么一段记述，让我们更加确信林徽因14岁那年，与梁思成是见过面的。

"父亲大约十七岁时，有一天，祖父要父亲到他的老朋友林长民家里去见见他的女儿林徽因（当时名林徽音）。父亲明白祖父的用意，虽然他还很年轻，并不急于谈恋爱，但他仍从南长街的梁家来到景山附近的林家。在'林叔'的书房里，父亲暗自猜想，按照当时的时尚，这位林小姐的打扮大概是：绸缎衫裤，梳一条油光光的大辫子。不知怎的，他感到有些不自在。

"门开了，年仅十四岁的林徽因走进房来。父亲看到的是一个亭亭玉立却仍带稚气的小姑娘，梳两条小辫，双眸清亮有神采，五官精致有雕琢之美，左颊有笑靥；浅色半袖短衫罩在长仅及膝的黑色绸裙上；她翩然转身告辞时，飘逸如一个小仙子，给父亲留下了极深刻的印象。"

倾我所能去坚强

梁思成初见林徽因，对她似乎一见钟情，但林徽因却没有提及过这段往事，很可能把他当成了普通男孩子，短暂的初见，哪里有深刻的交流来得更能深入人心呢？

徐志摩的离婚，闹得满城风雨，她与徐志摩的这段感情，已经严重到了不可控制的局面。梁启超得知徐志摩离婚的消息，专门写信劝他打消离婚的念头：

"……其一，万不容以他人之苦痛，易自己之快乐。弟之此举，并于弟将来之快乐能得与否，殆茫如捕风，然先已予多数人以无量之苦痛。其二，恋爱神圣为今之少年所乐道，兹事亦可遇而不可求。况多情多感之人，其幻想起落鹘突，而得满足得宁帖也极难，所梦想之神圣境界恐终不可得，徒以烦恼终其身已耳。

"呜呼志摩！天下岂有圆满之宇宙！……当知吾侪当以不求圆满为生活态度，斯可以领略生活之妙味矣。……若沉迷于不可必得之梦境，挫折数次，生意尽矣，忧悒侘傺以死，死为无名。死犹可也，最可畏者，不死不生而堕落至不复能自拔。呜呼志摩，无可惧耶！无可惧耶！"

梁任公对徐志摩表达了师长对学生的教导，可谓字字肺腑，意在规劝。但此时的徐志摩要做天下第一个离婚的男人，他心意已决，任谁也无法改变。他给梁任公的回信中说：

"我之甘冒世之不韪，竭全力以斗者，非特求免凶惨之苦痛，实求良心之安顿，求人格之确立，求灵魂之救度耳。

第二章

遇见爱情：是绝恋，抑或寻常百姓家

"人谁不求庸德？人谁不安现成？人谁不畏艰险？然且有突围而出者，夫岂得已而然哉？

"我将于茫茫人海中访我惟一灵魂之伴侣；得之，我幸；不得，我命，如此而已。"

不久，徐志摩收到了张幼仪产下儿子的喜讯，而他回报张幼仪的是一张离婚申请书。张幼仪做最后的挣扎："总要家人商量过再做决定。"

徐志摩一脸无情，厉声地说："不行，不行，你晓得，我没时间等了，你一定要现在签字……林徽因要回国了，我现在就要离婚！"

爱情，在女子心中，是一件极为隐私的事。在她们心里，心爱的男子一定要偷偷地放在心里，某个睡不着的夜晚，才肯把他拿出来反复思念。对于林徽因来说，她的爱情就这样被公之于世，成为人们津津乐道的话题，当时想必一定是难过的，委屈的。

17岁的少女，没有经历事世，更不懂得如何处理这样的局面，她唯一能做的，就是选择坚强面对。就像面对家庭的不如意，面对自己也曾脆弱的心灵，不过，好在她一路的成长，让她拥有了面对的勇气，即使在爱情面前，她依然不怕被人评论。

人活在世间，谁能不说人，谁又能不被人说？当刘嘉玲被问及如何面对人生坎坷时，她说："我就是觉得时间是一个健谈者，它会为你解释一切的。你不要在它发言之前先提出问题，它会给你，

倾我所能去坚强

给所有这个世界一个解释的。我相信，就是面对它、接受它、处理它、放下它，因为你不一定接受好的东西的，你的生命里面，你要习惯提醒自己，要接受不好的东西，我觉得这才是人生的真正的真理。"

事隔经年，如今再提起林徽因与徐志摩这段"康桥之恋"，你还会像当年那样惊讶吗？还会认为，这个女子有点不自重，在破坏别人的家庭吗？

不仅爱情是苦涩的，人生也是苦涩的，但时间总会给我们解释这一切，多年后，它可能会成为你的财富，你美好的回忆，你的一段似水流年……

少女，也能做出老成的选择

人生，无时无刻不在做选择，但不管如何选择，我们最终只能走一条路。选择爱情，有时要放弃现实；选择现实，往往不一定有爱情。如梁任公所言，人生没有一个圆满，当求不圆满为生活态度，这样才能领略生活之妙味。

17岁的林徽因，选择向父亲求助，把命运交给更为成熟的人。这意味着，她要违背自己的内心，选择命运中的不圆满。"得之，我幸；不得，我命，如此而已。"纵然面前有无数座大山，徐志摩依然选择接受灵魂的驱使，向幸福靠近。

林徽因回国后，徐志摩感觉到了莫大的空虚。他把自己的思念、爱恋、希望和失望化作了一首首诗篇。他强烈的情感无处宣泄，爱情的意念燃烧着自己。于是，他写下了《偶然》这首诗。人们说这首诗是写给林徽因的：

倾我所能去坚强

我是天空里的一片云，

偶尔投影在你的波心——

你不必讶异，

更无须欢喜——

在转瞬间消灭了踪影。

你我相逢在黑夜的海上，

你有你的，我有我的，方向；

你记得也好，

最好是忘掉，

在这交会时互放的光亮！

　　离婚后的徐志摩，不满意林徽因的逃避，他需要得到她的肯定，像他一样追求浓烈化不开的爱情。他给她写信，向她表白自己的心意："也许，从现在起，爱、自由、美将会成为我终其一生的追求，但我以为，爱还是人生第一件伟大的事业，生命中没有爱的自由，也就不会有其他的自由了……当我的心为一个人燃烧的时候，我便是这天下最最幸运儿，又是最最痛苦的人了，你给予我从未经历的一切，让我知道生命真是上帝了不起的杰作。

　　"如果有一天我获得了你的爱，那么我飘零的生命也就有了归宿，只有爱才可以让我匆忙行进的脚步停下来，让我在你的身

遇见爱情：是绝恋，抑或寻常百姓家

边停留一小会儿吧，你知道忧伤正像锯子锯着我的灵魂……"

徐志摩简单直接的表白吓坏了林徽因，她一直不愿意相信，是她让他的家庭破碎的，但如今看来，她确实伤了另外一个女人。徐志摩的感情，像一团火，又像一把利刃，她除了逃避再无他法。

都说逃避是弱者的表现，其实不然，逃避是更为艰难的一种选择，需要更大的勇气去面对。顺从自己的内心容易，与自己的内心做斗争才难。后来，徐志摩与陆小曼冒天下之大不韪而在一起，到底得到了多少人的祝福？又得到了多少幸福呢？

林徽因无法拒绝一个人的爱，她能做的只有让这一直燃烧着的爱，尽快熄灭。那段时间，她常常想起自己的母亲，之后又会想起被抛弃的张幼仪，这两个女人多像啊！都是因为一个男子，变成了可怜的女人。

拒绝是明智的，自己的幸福不能建立在别人的痛苦之上，所以只好将这痛，留给自己。

徐志摩死后，林徽因在写给胡适的信里，谈到了自己对徐志摩的感情："我的教育是旧的，我变不出什么新的人来，我只要'对得起'人——爹娘，丈夫（一个爱我的人，待我极好的人），儿子，家族等等，后来更要对得起另一个爱我的人，我自己有时的心，我的性情便弄得十分为难……

"这几天思念他得很，但是他如果活着，恐怕我待他仍不能改的。事实上太不可能。也许那就是我不够爱他的缘故，也就是

倾我所能去坚强

我爱我现在的家在一切之上的确证。志摩也承认过这话。"

后来的林徽因与年轻时的林徽因并没有多少改变，都是听从理性的召唤，选择不让别人为难，但她却常常为难自己。在以后的岁月里，她一直与徐志摩保持着友谊的关系，那感情纯洁而真诚，她从来没有越雷池半步，这对于家庭的尊重，对于丈夫的尊重，是许多人都难以企及的。

20世纪30年代初，林徽因开始学习写诗。她写于1931年的《仍然》，似乎在应答徐志摩的《偶然》，这是她对自己内心和性情的一次坦诚交流：

> 你舒伸得像一湖水向着晴空里
> 白云，又像是一流冷涧，澄清
> 许我循着林岸穷究你的泉源：
> 我却仍然怀抱着百般的疑心
> 对你的每一个映影！
>
> 你展开像个千瓣的花朵！
> 鲜妍是你的每一瓣，更有芳沁，
> 那温存袭人的花气，伴着晚凉：
> 我说花儿，这正是春的捉弄人，
> 来偷取人们的痴情！

第二章

遇见爱情：是绝恋，抑或寻常百姓家

你又学叶叶的书篇随风吹展，

揭示你的每一个深思；每一角心境，

你的眼睛望着，我不断地在说话：

我却仍然没有回答，一片的沉静

永远守住我的魂灵。

多年后，林徽因对徐志摩的感情，再一次做了解答，她的灵魂一片沉静，无法给他一个明确的答案。他们两个人的感情，就像两条相交而无限延长的线，一旦相交，之后的日子里，这段感情再也不会有任何交集。

回国后的林徽因，再次回到培华女中读书，她像往常一样，与表姐们闲聊家话，诉说着彼此的心事。但没人知道，她其实是负伤而逃，始终不愿意将这段悲伤往事讲出来。在培华女中，她有的是时间疗伤，但无论怎样都无法忘记这个男子，她终究无法回头。

林徽因出身官宦世家，是京城名媛，如今又是留过洋的新女性，她的一切代表着家族荣耀，她不要做那个为家族蒙羞的女子。为了父亲、家族，她可以忍，爱情又算得了什么？或许，真的如她所说，不够爱吧。

1922 年 3 月，徐志摩赴德国柏林，经金岳霖、吴经熊做证，终于与张幼仪离了婚。而林徽因在这一年，与梁思成的婚事"已有成言"，但未定聘。人生有太多无奈，不是相爱的人就一定能

倾我所能去坚强

在一起，对于林徽因来说，她终于用实际行动证明了，自己不是那个破坏别人家庭的女子。所以后来，世界平静了，再也没有人议论她与他的故事了，她用不圆满的选择让两个人都得到了圆满。

后来，徐志摩遇到了陆小曼，又开始了一段疯狂的恋情，他爱得热烈，爱得似乎忘记了全世界。假如当时林徽因选择与徐志摩在一起，不知他还会不会爱上陆小曼，但是假如的事，谁知道呢？

林徽因说，她不够爱徐志摩；徐志摩说，爱是他一生第一件伟大的事业；而张幼仪却说："你总是问我，我爱不爱徐志摩。你晓得，我没办法回答这个问题。我对这问题很迷惑，因为每个人总是告诉我，我为徐志摩做了这么多事，我一定是爱他的。可是，我没有办法说什么叫爱，我这辈子从没跟什么人说过'我爱你'。如果照顾徐志摩和他家人叫作爱的话，那我大概是爱他吧。在他一生当中遇到的几个女人里面，说不定我最爱他。"

人们总是爱问，你爱不爱我？什么才是真正的爱？爱是理智的选择，是放别人一马的成全，是不给别人带来痛苦……假如林徽因选择了爱情，那痛苦的将是更多的人。都说青春年少，可以犯错，可没人在乎，有些错一旦犯了就是一辈子。与其自己在选择里不知所措，不如像林徽因一样，把遇到的难题交给父母，因为旁观者清，旁观者也最为冷静。明知不该爱，还要爱下去，那才是一错再错，这些明知故犯的错，就像怀里抱着燃烧的火炉，虽然它热烈地燃烧着，但终究疼了自己。

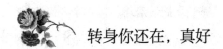 ## 转身你还在，真好

　　每一天，都是崭新的一天，有人从梦中醒来，有人依然追悼过往，还有的人邂逅了另外一段感情。都说，转身即天涯，那不过是指没有缘分的两个人。然而，对于人生中很多事，一个转身，才能看到这世界还有不一样的风景。

　　林徽因回国后，除了读书，还遇到了一个多年未见的儒雅沉稳的男子——梁思成。

　　梁思成是梁启超的长公子，在两个家庭来往中，林徽因才发现世间竟还有这样的男子。1922 年，21 岁的梁思成，比林徽因大三岁，在父辈的安排下，他们的接触渐渐多了起来。

　　母亲对这个祖籍广东的小伙子很满意，他待人谦和，斯文有礼，忠厚老实，人长得也十分精神。他们两人见面后总有说不完的话，徽因的脸上经常挂着笑容，好感在两个人中间不断发酵，母亲知道，

倾我所能去坚强

徽因逐渐从上一段感情中走出来了。

梁思成除了学业优秀外，兴趣爱好也十分广泛。他学过小提琴、钢琴，是校歌咏队队员、管乐队队长。他是清华学堂有名的足球健将，在全校运动会上，拿到过跳高第一名。他体操出色，单杠、双杠更是出类拔萃。另外，他还是校美术社的编辑，钢笔画用笔潇洒，简洁清新，极具个人风格。

这样一位文武双全的男子，林徽因很难不动心。他可能没有诗情画意的浪漫，与她也没有哲学、文学、诗歌上的共同语言，可是他爱她。徽因一直渴望有人能真挚深情地爱着自己，她从少女时代就有这样的渴望，而梁思成才是那个让她梦想成真的人。

两个相爱的年轻人，彼此探讨了未来学业上的追求。当梁思成不知今后该选择什么样的专业时，徽因告诉他，她将来要学建筑学。建筑？建筑就是盖房子，一个女子怎么能学习这样的专业呢？在林徽因滔滔不绝的讲述下他才明白，原来建筑不是盖房子，而是一门极深的艺术学问。

在林徽因的影响下，梁思成后来成为中国建筑学界公认的权威专家。他向朋友谈起对建筑的兴趣时，称最初的选择是因为林徽因。他说："在交谈中，她谈到以后要学建筑。我当时连建筑是什么还不知道。徽因告诉我，那是包括艺术和工程技术为一体的一门学科。因为我喜欢绘画，所以我也选择了建筑这个专业。"

林徽因回国一年后，远方的徐志摩也回来了。他以为，只要

遇见爱情：是绝恋，抑或寻常百姓家

自己还在原地等候，她见到他一定会再次心动。谁知，他没有等到她回心转意，反而等到了她订婚的消息。徐志摩不甘心，他经常去林徽因和梁思成约会的地方，希望能让她再次看到他的诚意。

徽因和梁思成经常约会的地方是北海公园。那时，梁启超担任北海公园新建成的松坡图书馆的馆长。为了方便两人约会，梁思成从父亲那里拿到了一把钥匙，用于他和林徽因独处，也方便两人读书探讨。

徐志摩得知他们二人经常约会的地方后，按捺不住对林徽因的思念，常常去松坡图书馆找她。梁思成知道徽因与徐志摩之间有一段难以忘怀的往事，心里终究有些芥蒂。当他和徽因独处时，便在门上贴着"情人不愿受干扰"的便条，让徐志摩知难而退。

在三个人的关系中，林徽因一直是被动的，徐志摩是主动的，而梁思成则像一个乖孩子，等待着徽因的选择。就像多年后，林徽因爱上金岳霖，她苦恼极了，因为她同时爱上了两个人，不知怎么办才好。梁思成听完沉默不语，一夜辗转反侧，次日，他对林徽因说："你是自由的，如果你选择了老金，我祝愿你们永远幸福。"

当林徽因把梁思成的话转达给金岳霖时，金岳霖想了想，无比感动地说："看来思成是真正爱你的，我不能去伤害一个真正爱你的人，我应该退出。"

金岳霖是哲学家，比当局者更看得懂感情，虽然他也是当局

倾我所能去坚强

者之一。在一份感情中，无论主动的人，还是被动的人，可能都不懂爱，唯有那个默默静守的人，才是真正懂爱之人。你在，他便守候；你离开，他送上真诚的祝福。他不求别的，只求你能幸福一生。

只是，当时的林徽因并不懂什么才是真正的爱情，她更在乎的是心动的感觉，她欣赏梁思成，也便认为这是爱了。

不知不觉中，徐志摩发现林徽因不复当初温情的样子，她在躲着他，那逃避的眼神，疏远的神情，让他有些六神无主。他无数次想要用才华、用诗歌来证明自己的爱，但林徽因已经变了。她如今更喜欢的是，能听她谈论建筑，与她一起读书，整日陪伴她，待她好的人。最重要的是，她与梁思成在一起，得到的是家人的祝福；而她与徐志摩在一起，恐怕全世界都要乱了。

许多个夜晚，林徽因一定感激过上苍的安排。表面上看来，她放弃一段感情有些遗憾，但她一个转身，老天竟给了她一个更爱她的男子。这个男子，是她的依靠，让她有安全感，这才是真正的缘分。

当热烈的爱情归于平淡，两人以为今生就这样相伴一生时，意外还是发生了。

1923 年 5 月 7 日，梁思成、梁思永两人从学校回到家中。那段时间，学生们整日游行示威，抒发着对"五九国耻日"的愤恨。思成和思永两人想与同学会合，参加学生的游行示威，为了能尽

遇见爱情：是绝恋，抑或寻常百姓家

快赶过去，梁思成骑着姐夫周希哲从菲律宾买来的摩托车，带着思永向长安街驶去。他们刚刚骑到南长街口，一辆小汽车急驶而来，从侧面撞上了两人的摩托车。梁思成甩出几米开外，被死死地压在了摩托车下，昏了过去。

这辆小汽车的主人是北洋军阀金永炎，他是大总统黎元洪的亲信、陆军部次长。他的车子撞到了梁思成和梁思永兄弟二人后，并没有下车处理该事件，而是让司机开车离开这里。

梁思成不省人事，思永跑回家中向家人寻求帮助，家人吓坏了，慌乱中不知如何是好。这时，梁启超正巧回家，听闻思成出事，连忙派人去请大夫，自己和家人匆忙赶到了事故现场。

医生赶到家中，对思成的伤势做了初步诊断，结果是思成腰部以上没有问题，但左腿骨折，必须去医院才能得到医治。

梁思成被送往协和医院，经检查诊断无须做手术，只需要在医院静养。谁知，这个诊断出了错误，耽误了治疗，导致他日后腿部留下了后遗症。

事故发生几个小时后，林徽因得到消息匆匆赶到医院，泪水挂满她的脸颊，她几乎泣不成声。梁启超见徽因难过，上前安慰她说："没事，你不用过于担心，思成只是骨折了，很快就可以复原。"徽因的眼泪，这才止住。

不一会儿，梁思成醒了，看到受伤的自己，又看到了林徽因坐在自己身边，他忍不住在家人面前亲了徽因的脸颊，然后对梁

倾我所能去坚强

任公说："爸爸，我是个不孝儿子。在您和妈妈把我的全部身体交给我之前，我已经把它毁坏了。别管我，尤其不要告诉妈妈。大姊在哪儿，我怎么没见到她？"

真是一个有责任心的男人，即使自己受伤了，担心的却是父母。梁启超在自己的书中记录了这件事，他以为自己心爱的儿子会死去，没想到他最终活了下来。

那晚，徽因没有走，她决定留下来照顾梁思成。一个初伤者，疼痛是必须经历的。民初时期，中国的西医十分落后，梁思成的疼痛只能硬抗。每次他疼痛难忍时，林徽因都会紧握他的双手，帮他擦拭汗水，缓解他的疼痛。

为了照顾梁思成，林徽因向学校请了假，日夜守护在他的身边。帮他热饭菜，给他擦拭身体，陪他聊天，两个人的感情越来越好。

梁启超看到林徽因的表现，给自己的大女儿梁思顺写信时说："老夫眼力不错罢，徽音又是我的第二回的成功。"梁启超第一回的成功，是把梁思顺许配给了周希哲。周希哲时任中国驻菲律宾大使馆总领事，后来任驻加拿大大使馆总领事。

梁启超十分满意林徽因，但梁启超的夫人李蕙仙并不喜欢林徽因。她是清朝礼部尚书李瑞的堂妹，出身名门，琴棋书画样样精通，对于女孩子的品德更是看重。当时，林徽因和徐志摩的感情闹得沸沸扬扬，如今又看到她照顾梁思成毫不避讳，更是觉得徽因轻浮。为此，她常常给徽因甩脸色看，不过，梁思成每次都向徽因道歉，

第二章

遇见爱情：是绝恋，抑或寻常百姓家

希望她能谅解自己的母亲。

徽因并不生气，只要她挚爱的人懂她就好，这没什么好生气的。日久见人心，这位"准婆婆"早晚会知道她的品德，她并非轻浮女子。

因为误诊，当初医生告知无须动手术，但确诊后，一个月内便动了三次手术，这下子他将在医院休养很久。梁启超觉得住院时间太久，希望他不忘对于修身养性的追求，于是严格要求他在病床上研究中国古代的经典名著。他写信给梁思成说："吾欲汝在院两月中取《论语》《孟子》温习暗诵，务能略举其辞，尤于其中有益修身之文句……可益神志，且助文采也。更有余日读《荀子》则益善。《荀子》颇有训诂难通者，宜读王先谦《荀子集解》。"

经历了这场车祸，但大家都认为梁思成的腿一定会没事，梁启超给大女儿梁思顺写信时，还无不乐观地说："思成的腿已经完全接合成功，不久就将和正常人一样走路。"但现实是，思成的左腿比右腿短了一厘米，跛足和脊椎病弱而装上背部支架的痛苦，伴随了他一生。

梁思成在病床上读书，徽因也打算利用这段时间做点事。她思来想去，决定把王尔德的《夜莺与玫瑰》译成中文。两人为了这部作品，讨论着最为适合的词句，最终这本书的译文发表在1923年《晨报》五周年纪念增刊上。

林徽因和梁思成的感情再也不是你侬我侬的爱情了，经历了这段时间的相处，两人胜似亲人。梁思成感受到了徽因对他的爱，

对他无微不至的关怀。假如没有这次意外，谁又能看透谁的真心呢？对于一个女子来说，踏实的幸福比爱情里的惊心动魄更重要。

陆小曼的爱情，不惧红尘，死也要嫁给爱情；张爱玲的爱情，注定会成为她心中的一颗朱砂痣；而林徽因的爱情，更多的是彼此付出，彼此陪伴，过平静安好的生活。如果与徐志摩的感情是一场绝恋，她与梁思成则是寻常百姓家。可过日子不就是这样吗？谁能整日惊心动魄，谁能只为自己和爱情而活？

林徽因转身遇到了梁思成，遇到了爱情；其实梁思成从学术中一个转身，也遇到了他终生的伴侣——建筑学。这命中注定的一切，大概便是冥冥中老天自有安排了。不要急，谁年轻时没惊心动魄过，没在爱里受过伤？但因此就不再相信爱情，便会错过那个真正属于你的人。不管在几段感情里受过伤，都要坚信那个人一定在未来等着自己。失败的爱情没什么，对方不过不是对的人，只要人对了，爱情也就来了。

第三章

旧梦燃起：任是有情也无情

 泰戈尔来了

时过境迁，纵然再爱一个人，也会随着时间而淡忘。很多人说，爱是一场修行，我们在爱里学会坚强。不过，对于另外一部分人来说，他们在爱里学会了该怎样去爱一个人。丰子恺先生在《缘缘堂随笔》中说："真是信佛，应该理解佛陀四大皆空之义，而屏除私利；应该体会佛陀的物我一体，广大慈悲之心，而护爱群生。至少，也应知道亲亲而仁民，仁民而爱物之道。爱物并非爱惜物的本身，乃是爱人的一种基本练习。不然，就是'今恩足以及禽兽而功不至于百姓'的齐宣王。"

徐志摩爱物，爱的是林徽因，她的一瞥一笑，一举一动都牵动着他的身心。相反，林徽因如丰子恺先生所说的那样，她在一段爱情里，学会了如何去爱一个人。她为梁思成擦拭身体，照顾他的饮食起居，陪伴他一个又一个日夜……她在这个叫梁思成的

倾我所能去坚强

男子身上学习爱，做着爱的练习，时过境迁后，她谈不上对徐志摩淡忘，她只是明白了爱的真义。

20世纪20年代初，北京上层社会流行各种聚会联谊活动。最初，这些活动只存在于金融界、实业界，慢慢文艺界也开始流行这样的活动了。1923年，北京的知识分子为了聚会更加方便，由徐志摩、胡适发起，徐申如、黄子美出钱，在北京西单石虎胡同七号租了一套小院，成立了"新月社"，并创办了《新月》杂志。

有人认为新月社的名字，是受了泰戈尔的诗集《新月集》的启发。徐志摩则解释说："'新月'虽则不是一个强有力的象征，但它那纤弱的一弯分明暗示着、怀抱着未来的圆满。"

梁思成出院后，林徽因也回到了学校。闲来无事时，她经常跟表姐王孟瑜、曾语儿往新月社俱乐部跑。她毫不避讳新月社里的徐志摩，在她看来，只要君子坦荡荡，友情的相处不算什么。让她没想到的是，这样一个小小的社团，走进了新文化运动中，走进了大众的视野。他们两人的故事，再一次遭到众人非议。铺天盖地的"重归于好"，让徐志摩心情荡漾，而林徽因并没有将这件事放在心上。她是一个拥有大智慧的女子，不管外界如何评论她，她亦用行动向外界证明，徐志摩不过是亦师亦友的存在。

在这场新文化运动中，林徽因在新月社初期便加入，后来进入了北京知识界的社交圈，并开始从事文化活动。20年代中期，在新月派诗人陈梦家选编的《新月诗选》中，林徽因正式开始了

旧梦燃起：任是有情也无情

创作路程。她的《笑》《深夜里听到乐声》《情愿》《仍然》四首诗在该刊物上刊登。

梁思成因车祸推迟了赴美留学时间，让他和徽因有了更多相处的机会。如今的他，对徽因越来越信任，他不再介怀她与徐志摩整日相对，并鼓励她参与到新文化运动中去。这一年里，思成在父亲的指导下，系统地研究了国学典籍，他后来说："我非常感谢父亲对我在国学演习方面的督促和培养，这对我后来研究建筑史打下了基础。"同一年里，林徽因也从培华女中正式毕业，考取了半官费的留学资格。

再没什么比两人一同赴美留学更浪漫的事了。塞翁失马，焉知非福，上苍给了他们新的相处机会，这一切不得不说是命运的安排。好的男子，从来不会给你起落人生，而是与你细水长流地过日子。那诗情画意，给你激情的男子，往往不是正缘，正常的缘分，终究是寻常的幸福。林徽因需要爱，但拒绝如同母亲般不受重视的命运。一个男子轻易抛家弃子，这份不安定里，又有多少脚踏实地呢？

这一年里，还发生了一件被历史永远记载的文学史大事。梁启超和蔡元培作为文化界的元老级人物，一直活跃在文化第一战线。为了推动学术的发展，他们邀请了文学界泰斗级人物泰戈尔先生来中国讲学。

泰戈尔是著名的印度诗人，自 19 世纪开始，他的作品一直风

倾我所能去坚强

靡至今。他的《飞鸟集》《新月集》等作品，至今仍被奉为经典。在 1913 年，他的诗集《吉檀迦利》获得了诺贝尔文学奖。

为了迎接泰戈尔的来访，《小说月报》杂志出了"泰戈尔号"专刊，文学研究会也出版了泰戈尔多种诗集。终于在 1924 年 4 月 23 日，泰戈尔乘坐的火车缓缓驶入北京。林徽因在人群中期待着与这位老先生见面。她喜爱诗歌，对文学有着极大的热情，她急切地渴望与他交流，向他请教文学方面的问题。

泰戈尔在北京期间，日程安排得很满。他出席了社会各界的欢迎会和座谈会，并在北大、清华、燕大等大学做了演讲，拜访了末代皇帝溥仪。泰戈尔无论走到哪里，身边经常伴着林徽因和徐志摩，两人一左一右，为泰戈尔讲解着中国文化。

泰戈尔虽为文学泰斗级人物，但他当时演讲的内容，并没有得到所有人的赞同。他在演讲中多次提出，中国人不可以舍弃自己宝贵的文化传统，去接受和传播西方那些无价值、丑恶的价值思想，更不要盲目地追求工业主义、物质主义。泰戈尔在演讲中说道："……吾东方人士今已到达于第三期，吾人已霍然醒觉，知体力智力征服世界之外，尚有一更光明、更深奥、更广阔之世界。吾人于黑暗寂寞之中，已见一导引吾人达于此光明、深奥而广阔世界之明灯，唯吾人如欲到达此世界，则吾人不可不知服从与牺牲，乃吾人到达彼世界之唯一阶梯。吾人欲得最大之自由，则必须能为最忍耐之服从；吾人欲得最大之光明，则必须能为最轰烈之牺

第三章

旧梦燃起：任是有情也无情

牲……未来之时代，绝非体力智力征服之时代，体力智力以外，尚有更悠久、更真切、更深奥之生命。吾东方人士今日虽具体已微，然已确有此生命矣。西方人士今因专尚体力智力，积极从事杀人之科学，借以压迫凌辱体力智力不甚发达者，即吾人亦尚在被压迫之中。但吾人如能为最大之牺牲，则吾人不久即可脱离彼等之压迫矣。"

泰戈尔这番话，深深震撼着林长民、梁启超、林徽因和徐志摩等在场所有人的心。他们听得热血沸腾，认为正义一定能战胜邪恶，战胜他们的仇敌。直到演讲结束，这群学子久久不愿散去。

本以为这番言论会得到全国人民的共鸣，但是对于刚刚经历了新文化运动的中国青年来说，实在有点相悖。青年正高举"民主""科学"的旗帜，以提倡西方文明价值观来反对中国传统文化，以及传统道德的思想。在他们看来，一味提倡高尚人格，不会改善社会现状，只会将中国推向灭亡。

青年们散发传单、游行示威，批评泰戈尔对中国贫穷落后的百姓无动于衷，不将他们救出于水火，反而讲所谓的高贵人格。在抗议声中，泰戈尔以身体不适为由，取消了后面计划中的演讲。

鲁迅先生看到泰戈尔先生演讲的内容后，以犀利讥诮的语言，在他的杂文《骂杀与捧杀》中谈到了当年泰戈尔访华的情形："……他到中国来了，开坛演讲，人们给他摆出一张琴，烧上一炉香，左有林长民，右有徐志摩……说得他好像活神仙一样，于是我们

倾我所能去坚强

的地上的青年们失望，离开了。神仙和凡人，怎能不离开呢？……"

多年后，南怀瑾先生接下了中国文化这面旗帜，渴望将中国文化复兴。他说："中国几千年教育的目的，不是为了谋生，是教我们做一个人，职业技术则是另外学的。而且教育从胎教开始，家教最重要，然后才是跟先生学习。人格教育、学问修养是贯穿一生的。所以，社会除了政治力量、财富力量以外，还要有独立不倚、卓尔不群的人格品格修养，作为社会人心的中流砥柱。"在南师看来，中国文化是一座精神的宝库，他说："我们中国文化的财产太大了，古文不懂，繁体字不懂，等于丢了钥匙，这个财库的门打不开。贬低中国文化，是错误的。四书五经、老子庄子、唐宋两代的诗词与散文、魏晋诗歌、宋明理学，都各有其光辉与灿烂。懂得古文，才能领略其中的奥妙。"

对于中国传统文化，林徽因也是热爱的。她爱着中国这片土地，爱着中国的古代建筑。1953 年，当上级决定拆除永定门城楼时，病榻上的林徽因已不能再说话，但听到这个消息还是坚持着站了出来，她怒斥道："你们拆去的是有着八百年历史的真古董……将来，你们迟早会后悔，那时你们再盖的就是假古董！"

两年后，林徽因在惋惜中死去，但她生前的话语竟一语成谶。2004 年，"假古董"永定门城楼重修竣工。

当南怀瑾老先生为了复兴中国文化，不得不拖着苍老的身躯一次次站在讲台上时，他在演讲中，对在场的青年学子说，我们

旧梦燃起：任是有情也无情

已经老了，你们再接不上，就断了。

这是怎样的悲哀，又是怎样的无奈，怕是只有为了学问付出毕生心血的人才懂。林徽因和梁思成为了中国建筑做出了巨大贡献，他们夫唱妇随，情投意合，在泰戈尔的访华中，更加坚定了对于文化的追求。然而，站在徽因身边的徐志摩不懂她的世界，他崇尚新学、批评旧学，与徽因的价值观逐渐相悖。正如两个人交叉线般的情感，彼此相交，此后再也没有交叉点。

是戏，也是现实

　　丰子恺先生在《晨梦》这篇文章中，讲到了自己关于晨梦的经历。他在早晨做梦时，能听到现实中的喧哗，同时又能在梦中遨游。即一面在热心地做着梦中事，一面又知道这是虚幻的梦。有梦游的假我，同时又有伴小孩子睡着的真我。

　　他说："'人生如梦'，这话是古人所早已道破的，又是一切人所痛感而承认的。那么我们的人生，都是同我的晨梦一样——在梦中晓得自己做梦的了。这念头一起，疑惑与悲哀的感情就支配了我的全体，使我终于无可自解，无可自慰。"

　　当徐志摩和林徽因化作戏剧中的主角，彼此在戏里演绎着动人的爱情故事时，他们如同丰子恺先生的晨梦，一面在热心做着梦中事，一面又知道这是虚幻的梦。恍若康桥的桥梁接通了彼此的心灵，她桃花朵朵，他玉树临风，她醉了，这到底是戏，还是现实？

第三章

旧梦燃起：任是有情也无情

泰戈尔无论参加哪些活动，林徽因和徐志摩始终陪伴在他身边。当时的报刊上，有段这样的记载："林小姐人艳如花，和老诗人挟臂而行；加上长袍白面、郊寒岛瘦的徐志摩，有如苍松竹梅一幅三友图。徐氏翻译泰戈尔的演说，用了中国语汇中最美的修辞，以硖石官话出之，便是一首首小诗，飞瀑流泉，琮琮可听。"

在泰戈尔眼里，林徽

1924年，泰戈尔访华，林徽因与徐志摩陪伴左右

因长得如花似玉，徐志摩风流倜傥，二人是天造地设的一对。可是众人知道，林徽因正与梁思成热恋中。不管报纸上如何写下她与徐志摩的流言蜚语，林徽因终究不忘与她共赴红尘的伴侣。别人只看到镁光灯下的她和徐志摩，却无人看到静守在她一旁的梁思成。多少场活动，多少场演讲，徐志摩虽在，但是，他亦在。

5月8日，迎来了泰戈尔的生日，这场生日空前盛大，由四百多名著名人士为泰戈尔贺寿。祝寿会由胡适操办，主持由梁启超担任。梁启超在主持时说，泰戈尔先生的印度名字为拉宾德拉，意思是"太阳"与"雷"的意思，译成中文应是"震旦"，而"震旦"一词恰巧是古代印度对中国的称呼。按照中国的习惯，名字前应有姓，中国称印度国名为"天竺"，泰戈尔当以国为姓，所以泰戈尔的中国名字为"竺震旦"。

这个名字是林长民和梁启超一起为泰戈尔想的，并为他专门刻了印章。泰戈尔接过印章后，他生日会的序幕才正式拉开。

为了庆祝泰戈尔的生日，新月社特意策划了一场戏剧表演。他们改编了印度史诗剧《摩诃婆罗多》中的一段故事，并将其改编为了抒情剧《齐德拉》。

剧中，林徽因饰演公主齐德拉，徐志摩饰演爱神玛达那，林长民饰演春神伐森塔，而梁思成则担任了舞台布景设计。或许因为徽因太投入，又或者她在戏里将康桥那段情愫带到了戏中，所以舞台上，两人虽然演绎着各自的角色，但却都演绎得情感饱满，惟妙惟肖，引得台下的观众掌声不断。

如梦似幻的一场戏，徽因在剧中重新找回了当年在康桥时的感觉，这一幕幕戏让她产生了幻觉，她还爱着这位叫徐志摩的男子吗，还是戏剧只是激发了当时恋爱的情感？直到戏剧落幕，林徽因和徐志摩也没能从梦中醒来。他看她依然是当年娇美的恋人，她看他又到底是谁？

等梁思成站到她身边，她才恍然醒转，原来刚才的一切只是

第三章

旧梦燃起：任是有情也无情

一场戏。如今，戏散了，她的情感是不是可以收回去了？她不知道，她暂时不想给这个问题找到答案。

当局者迷，而旁观者《晨报副刊》对这场戏剧的报道写的是："林宗孟（即林长民）君头发半白还有登台演剧的兴趣和勇气，真算难得。父女合演，空前美谈。第五幕爱神与春神谐谈，林徐的滑稽神态，有独到之处。林女士徽音，态度音吐，并极佳妙。"

望着简短的评语，徽因一直思索着那日演出时的境况。她与徐志摩到底算什么，与梁思成又算什么？那时，他们相熟的朋友无不猜测，经历了泰戈尔到来的这段时间，林徽因很可能会再次选择徐志摩。

徐志摩与林徽因再一次配成一对，她的心也渐渐被情感模糊了。但现实终究是现实，无论我们投入梦中多久，总归要从梦中醒来。醒来后的徽因，再一次选择了逃离，只有远离徐志摩，才能让流言消失，对于梁思成来说也才是最公平的。

5月17日这天，林徽因单独约见了徐志摩。不明所以的徐志摩喜不自胜，以为一场戏剧唤回了徽因的心，不然又何必私下相会？林徽因道出此次前来的目的，她要再一次选择别离，他们将终生不再纠缠，她告诉徐志摩，他应该有更广阔的人生，有更加适合他的伴侣。而她与他，在很早之前已经做出了选择，那个选择是对的。

徐志摩不明白，他分明在她的眼里看到了爱情，为什么她再一次拒绝了自己的心？林徽因没有告诉他，不管梦有多美，人终究要学会醒来，不可被梦中的情感支配着自己。

佛语有云："心静则国土净，心安则众生安，心平则天下平。"如今，是该静心的时候了。这份心静，是惊心动魄后的赠阅，她用最清宁的心阅读着情感，像一个观察者，像一位时光老者，同时又是参与者……

她寸寸地消化着这份情感，让这团火点点熄灭。其实，她也看到了——梦是比光阴更无情的东西。

第三章

旧梦燃起：任是有情也无情

风波再起

一段刻骨铭心的经历，一场缠腻荼蘼的情事，懂了，疼了，也就放下了。年轻的女子，无论先前经历了什么，放下后总会遇到下一段爱情。令人难过的是，总有人揪着之前的经历不放，好像只有这样，才能提醒她曾经犯下过错误，让她为这段经历付出代价。其实，是人就会犯错，只要她能在错误中吸取教训，都值得被原谅。更何况，林徽因只是在青春年少时遇见了爱情，这何错之有？谁也不能保证自己不动心，但是可以保证，自己的选择对得起任何人。

林徽因与徐志摩在舞台上的演出，梁家人全部看在眼里。台下的梁启超看到徽因忘情地演出，心里也咯噔了一下，即使他十分喜欢林徽因，但碍于情面还是有点儿不悦。而原本就不喜欢徽因的李夫人，更是气得中场离席，一直到她离世，也没能从心里真正接受林徽因。

倾我所能去坚强

梁思成在那个时候，也介怀了。他怕，怕徽因离他而去，怕她再一次爱上徐志摩。无论他多么坚信徽因的人品，徐志摩也像一根刺扎着他的心。下台后，他看到徽因激动的神情却也不敢多问，他怕她给出肯定的答案。直到她与徐志摩还保持着友谊的姿态，他才彻底放下心来。

1924 年 5 月 20 日夜，泰戈尔就要离开中国了，他从北京前往太原，然后赴香港经日本回国，这一路，由徐志摩随行陪同。林徽因与梁思成等人去车站为送他们送行。徐志摩得知林徽因和梁思成即将赴美留学，比翼双飞，心痛不已。

泰戈尔写了一首小诗送给林徽因："蔚蓝的天空 / 俯瞰苍翠的森林 / 它们中间 / 吹过一阵喟叹的清风。"一首简单的小诗，表明了泰戈尔先生对于徐志摩和林徽因爱情的无奈。天空般的徐志摩正俯瞰着林徽因这片森林，但缘分终究只带给他们一阵叹息。

这一场别离，最难过的是徐志摩。他深知，这一次的离别将是真正的离别。他和林徽因远隔天涯，今后不知何时才能再见。接待泰戈尔的这段时间里，他和她一起筹办各种活动、演讲，一同排练与演出……往事一幕又一幕浮现眼前，他不敢相信，她就要离开他了。

他们在一起时，徐志摩忙碌而快乐着，分别在即，他才意识到，原来离别竟有这样痛。自英国回到北京后，他看着徽因和梁思成相爱相知，曾感觉过痛苦与失落。今天的别离才让他明白，原来

第三章

旧梦燃起：任是有情也无情

之前经历的都不算什么，只有别离才让人痛到无法呼吸。

火车要开了，他向窗外的人一一告别，林徽因追着火车与他挥手，她近在咫尺，却又远在天涯。不知不觉，他眼角挂上了泪水，胡适见到后，追着问："志摩，你怎么哭了？"

徐志摩这才意识到，原来徽因在他心里如此重要。没有她，他心如刀绞。火车渐渐远去了，林徽因消失在夜色中，他望着窗外，思绪乱成一团。等他好容易平复心情后，便将这满怀愁绪写到了纸上："我真不知道我要说的是什么话；我已经好几次提起笔来想写，但是每次总是写不成篇。这两日我的头脑总是昏沈沈的，开着眼闭着眼却只见大前晚模糊的凄清的月色，照着我们不愿意的车辆，迟迟的向荒野里退缩。离别！怎么的叫人相信？我想着了就要发疯。这么多的丝，谁能割得断？我的眼前又黑了。"

写到这里，徐志摩停住了笔，他难过得写不下去了。他知道，这段文字不会寄到徽因手里，便将它随手丢到一边。泰戈尔的秘书看到满怀愁绪的徐志摩，又看了看纸上的文字，偷偷地将这封信装进了手提箱。

都说男儿有泪不轻弹，只是未到伤心处。徐志摩为了林徽因抛家弃子，不能说不爱。自从遇见林徽因，他的心从未停止过燃烧，他的诗情灵感不断。他曾说过："我最早写诗那半年，生命受了一种伟大力量的震撼，什么半成熟的未成熟的意念都在指顾间散作缤纷的花雨。"这股伟大的力量，怕是爱情吧。人在爱的时候，

倾我所能去坚强

总是被这股力量牵引着，为了爱，什么尊严、面子、骄傲……一切都不重要了。

泰戈尔的到来，让林徽因再一次陷入风波中，她与徐志摩的往事总是被不断提及，她的内心不能说没有煎熬。梁思成的担心，李夫人的冷漠，她也怀疑过自己未来到底能不能幸福。

当徐志摩的列车缓缓驶出她的视线，她也落泪了。她深知，这一次徐志摩彻底伤透了心，她到底是负了他。那双饱含深情的眼神，众人都看在眼里，怕是她再一次要被误会了。

为什么？为什么有些情感，总叫人这样难忘，想剪断，却又理还乱？离别的愁绪，让她回忆起曾经自己在爱情里落荒而逃。她起伏不平的情绪，像大地震一样震动着曾经的往事，终于，她心里有了裂缝，情感从心底一泻而出。她到底是爱过……只是这一次，她决定再次选择放下。她告诉自己，徐志摩走了，老天正是告诉她，生命中这一章翻过去了。去美国的船票已订好，未来还有留学生活等待着她去经历，梁思成还等着她去爱，她有太多事要做。

1924 年 6 月初，林徽因和梁思成也走了。这一年，徽因 20 岁，梁思成 23 岁。

命运无论开多大玩笑，激起多大浪潮，终究要回归平静。当林徽因开始收拾行李，准备出国事宜，她的心逐渐平静下来。有时她甚至怀疑，与徐志摩的一切太像梦，如今梦醒了，幻境也渐渐退去，露出生活的本色。

《红楼梦》里黛玉葬花时说："未若锦囊收艳骨，一抔净土掩风流。质本洁来还洁去，强于污淖陷渠沟。"安静地来，安静地去，过去心不可得，当下心不可得，未来心不可得……

　　本来无一物，何处惹尘埃？风雨雷电，波澜不惊，相视一笑，就都过去了。

没有归宿的爱，就断了吧

　　流水过往，一去不返，总是留恋过去，人生永远没办法重新开始。或者，你我太过平庸，心中的莲花常常盛开，看似平静安逸，实则内心早已万千端倪。"看取莲花净，应知不染心"，那一朵朵盛开的莲，万转千回之后，哪能不染身心？不管爱情多绝美，一旦在心里植下爱情的莲花，便知它再也不能从心中拔除。

　　之前，不管林徽因多么坚信她爱的是梁思成，一经别离才明白，她心里有徐志摩的位置。如果陆小曼是罂粟花，林徽因便是白莲花，而世人也称她为白莲花，像张爱玲说的，永远床前明月光。其实，林徽因不似白莲，反而更像野百合，她接地气，永远知道自己要什么；她坚强，不管外面几多风雨，总能顽强挺过；她骨子里不服输，坚信的事一定要争个输赢；当然，她也高洁如莲，风华绝代，是男人心中的一代女神。

第三章

旧梦燃起：任是有情也无情

7月的美国东部，漫山遍野布满红色枫叶，湖光山色交相辉映，宛如一幅画家笔下的风景油画。徽因和思成看呆了，在这个只有一万左右居民的小镇，没想到还有这样明丽的风景。7月7日，林徽因和梁思成到康奈尔大学报到，并开始了功课补习。徽因选了户外写生和高等代数两门课程，而梁思成则选了三角、水彩静物和户外写生三门课程。

陌生的环境和异域风情吸引着两个年轻人。西方教育崇尚自由创作，这更加激发了他们在户外写生的热情。他们携手走过一条条街道，用颜色与画笔勾勒着大自然美丽的线条。等两个月暑期补习班过去后，他们几乎走遍了美国东部。

就在这时，有一位中国面孔走进了他们的生活，他叫陈植。陈植和林徽因、梁思成是在清华大学里认识的，但因为彼此不熟悉，并没有太多接触。然而，在这个异国他乡，这三个人意外相遇，让他们彼此找到了乡音，很快成为好友与知己。

宾夕法尼亚大学很快就要开学了，他们三人去建筑系报到时，校方告诉他们，为了便于学校的管理，建筑系只收男生，不收女生。在学校管理者看来，建筑系的学生需要在夜里作图画画，而女生深夜待在画室不够安全。林徽因很早就喜欢建筑学，好容易迎来了学习建筑学的机会，却因为是女生而错过了，她有些不甘心。为了能实现自己的愿望，她和梁思成商量过后，决定转入美术系，并同时选修建筑系。

倾我所能去坚强

林徽因没课的时候，就去梁思成的建筑系做旁听生。她学得很认真，对建筑很有悟性，在 1926 至 1927 年期间，她还担任了建筑设计业余教师。作为一个旁听生，她几乎完成了全日制所有课程，并担任教师，她这份对于建筑的喜爱与努力，是许多女子都无法企及的。

林徽因对于建筑的执着，她的美国同学在为家乡报纸撰写文章时，记述了对徽因的观察：她坐在靠近窗户能够俯视校园小径的椅子上，俯身向一张绘画桌，她那瘦削的身影匍匐在那巨大的建筑习题上，当它同其他三十到四十张习题一起挂在巨大的判分室的墙上时，将会获得很高的奖赏。这样说并非捕风捉影，因为她的作业总是得到最高的分数或是偶尔得第二。她不苟言笑，幽默而谦逊，从不把自己的成就挂在嘴边。

林徽因在一篇文章中，讲述了自己对于建筑的感情与愿望："我曾跟着父亲走遍了欧洲。在旅途中我第一次产生了学习建筑的梦想。现在西方的古典建筑启发了我，使我充满了要带一些回国的欲望。我们需要一种能使建筑物数百年不朽的建筑理念。"

美国女同学像一名记者一样问徽因："对于美国女孩子——那些小野鸭子们你怎么看？"

林徽因听完微微一笑，不急不慢地回答："开始我的姑姑阿姨们不肯让我到美国来。她们怕那些小野鸭子，怕我受她们影响，也变成像她们一样。我得承认刚开始的时候我认为她们很傻，但

旧梦燃起：任是有情也无情

是后来当你已看透了表面的时候，你就会发现她们是世界上最好的伴侣。在中国，一个女孩子的价值完全取决于她的家庭。而在这里，有一种我所喜欢的民主精神。"

林徽因将大部分时间都放到了学业上，但毕竟中西文化差异很大，每当节假日时，她便会抑制不住地想家，想北京，想父亲和母亲。在给胡适的信中，她用"精神充军"来形容美国的生活。提起故乡的人，她说："我愿意听到我所狂念的北京的声音和消息。"

想起北京，便想起了徐志摩。许久以来，她一直用学业麻痹着自己。每次在课堂上，徽因看到梁思成一脸认真听讲的样子，便暗暗告诉自己，他才是对的人。既然如此，把徐志摩当成一位老朋友又何妨？

往事一幕幕浮现在眼前，她到底是伤了他，所以他才许久没有消息吗？

她给徐志摩写信，在信中写道："……我的朋友，我不要求你做别的什么，只求你给我个快信，单说你一切平安，多少也叫我心安……"

徐志摩收到信，以为徽因对他旧情复燃，激动地赶到邮局，以最快的速度给徽因发电报。出了邮电局，他的精神有些恍惚，总觉得不是真实的，可他手里明明拿着徽因的来信。上面写着"只求你给个快信……"哦，对了，要给徽因回信。于是，徐志摩再一次回到邮电局，要求发一封电报。当邮局的职员听完他的话，指着电文问他："先生，您没重打吧？方才半点钟前，有一位年轻先生也来发电，那地址，那人名，全跟这一样，还有那电文，我记得对，我想，也是这……先生，你明白，反正意思相像，就这签名不一样！"徐志摩这才清醒过来。

徽因一边等待着徐志摩的来信，一边默默地守在梁思成身边。在她看来，她对徐志摩的感情已经放下，写信并不意味着什么，那是一段没有归宿的爱，梁思成一定不会介意。如今她与思成，经过热恋，已变成最近的亲人，他们之间理应彼此信任。

是啊，这世间情缘，原有定数，原有缘分，假如他不是归宿，做个朋友又何妨？这位老友，在时光的隧道里存了多年，她与他有着最本质的共同属性。她不求别的，只求在异国他乡远远地望着，看着，便已知足。

春天会过去，爱也会过去，面对这位知己，就让那份爱，就此断了吧。她守着净土，不越轨一步，谁又能说什么呢？

第三章

旧梦燃起：任是有情也无情

爱你的，永远在原地等你

有些爱，对于当事人而言，或许已经放下，但在另一个人眼里，联系便意味着仍然爱。有些人说，恋人分手后最好的结果是老死不相往来。可总有人觉得，相识一场，何必闹得僵硬，毕竟曾经爱过。

在美国的林徽因，把时间和精力放到了学业上，一心想与梁思成做出一番成就，好将学问带回国，研究中国古代建筑。她有相当长时间，不提徐志摩只言片语，也从不与他联系，用行动证明他们之间没什么。不管徐志摩对她用情如何，她始终陪伴在梁思成身边，这难道不是最大的爱吗？

林徽因向梁思成坦白，她给徐志摩发了一封电报，她以为梁思成一定觉得没什么，这位远在北京的老友，怕是思成也想知道他的消息吧。谁知，徽因想错了，她与梁思成爆发了有史以来第

倾我所能去坚强

一次争吵。

争吵的原因，无非旧事重提。泰戈尔来中国期间，林徽因和徐志摩走得太近，当他们在众目睽睽之下，又将剧情演绎得如"真实发生"一般，梁思成心里是不舒服的。当时，两人忘我的表演引起了各大报社的争相报道，读者纷纷发表言论，认为林徽因和徐志摩才是天作之合，他们之间有真正的爱情。

林徽因不在乎别人怎么说，她更关心自己怎么做。她身正不怕影子斜，任由他们说去。可是，人心隔着肚皮，梁思成没办法把徽因的心掏出来看，他焦虑、难过，甚至有点悲愤。那些报道不仅让思成难过，还刺痛了梁家人。原来就不喜欢林徽因的李夫人，看到徽因在舞台上的表现，更是认为她极不讲究。一个即将结婚的女子，怎能跟其他男子眉来眼去？演戏是一门艺术，没有忘我投入，就无法演绎出人物的情感。林徽因早就喜爱戏剧，对小说和戏剧有着深入的研究，她在舞台的表现，不管多么用情至深，到底是戏剧成分居多。

李夫人不喜欢林徽因还有另外一个原因，她认为徽因出过国，"洋人"与中国传统思想不同，她在持家方面肯定不能与养在深闺中的大家闺秀比。在李夫人眼里，女子最好大门不出二门不迈，在家修身养性，方能清清白白。

一场戏剧演出，还改变了梁家大女儿梁思顺对于林徽因的看法。那时，徽因和思成在美国，可以经常见到梁思顺。思顺听到

第三章

旧梦燃起：任是有情也无情

了李夫人的话，也站在了母亲这端，她经常指责徽因，让这徽因十分恼火。为此两人见面总是吵架，让梁思成夹在中间很难受。梁思成和徽因在美国期间，还收到了多封思顺的来信，她把报道里的文章给他看，对徽因的行为语言多是责备。她直接跟梁思成说，母亲反对这桩婚事，而且母亲病重，至死也不愿意接受林徽因。

林徽因把思绪放到了学业上，又与徐志摩许久不联系，以为这段往事早已变得云淡风轻。另一边的梁思成，不想影响徽因的学业，独自一人承担起了这些压力。当她说，给徐志摩发了电报时，压抑已久的梁思成终于忍不住了，他们发生了有史以来最为激烈的争吵。

梁思成劝她不要与徐志摩联系，这些话在徽因看来，太过小家子气。辩来辩去，两人竟然闹翻了。他们关系紧张，甚至想到了分手，只不过谁也没有向家人提及他们吵架的事。林徽因心情不好，一连几个月都没有与家人联系，而家人的来信，却又屡屡得不到回复，林长民不禁起了疑心。

林徽因与梁思成吵架的事，被梁思永知道了。他赶紧写信给梁启超，告诉他两人吵架的事。为了安慰徽因，梁启超想到一个办法，他作为"准公公"打算为徽因寄3000元生活费，希望徽因明白他的用意。林徽因看到信后，回复的是"请暂勿付邮"几个字。

小两口之间的事，大人插手只会让事情变得更加复杂。林徽因和梁思成消化着彼此之间的误会，每消化一点儿，两个人的感

倾我所能去坚强

情就更近一步。其实想想，梁思成没有错，徽因也没有错，他们不知道彼此承受了什么，所以才让事情变得复杂。

那段时间，林徽因的心情低落到极点，甚至以为自己坚持不下去了。她渴望着徐志摩的来信，哪怕仅有一点儿关怀，都能让自己喘口气，从这压得让人喘不过气来的感情中解脱。她顾不了那么多了，如果她与梁思成注定分手，她与徐志摩是否联系又有什么所谓呢？她怕窒息的黑夜，怕无人陪伴，更怕一个人只能默默流泪。

徐志摩收到徽因的信，高兴极了。他虽然立刻回了徽因电邮，但远方的她还没有收到。徐志摩望着徽因的信，无法按捺激动的心情，甚至将当时的狂喜与激动化作了笔下的诗篇。

不管徐志摩这份情在如何燃烧，远在美国的林徽因终于扛不住了，她生病了。这段时间以来，她与思成闹得不可开交，身心饱受煎熬，接连的高烧让她不得不放下所有的烦恼。高烧中的林徽因脸色苍白，喉咙痛得发不出一丝声音，她以为自己快要死去了。都说，一死表忠心，她大概是用急出了病来向梁思成证明，她是真的在乎他。如若不是，她为什么不与徐志摩双宿双飞，而是气出了病？

林徽因这次生病，迷迷糊糊烧了好几天，等她清醒过来，第一眼就看到了眼睛里布满血丝的梁思成。这些天，他寸步不离地照顾她，眼睛都熬红了，那满是胡茬儿的脸，看到她醒过来终于

旧梦燃起：任是有情也无情

有了笑容。林徽因也笑了，他总算懂了她，没有什么比这更开心的了。一瞬间，他们冰释前嫌，紧紧地拥抱在了一起。

若是没有这场争吵，林徽因和梁思成不会发现他们已将彼此刻入生命中。什么是爱？爱是陪伴，是生病时的嘘寒问暖与照顾，是每天的一粥一饭，是一个又一个暮暮朝朝。当梁思成愿意等待林徽因时，林徽因也一直在等待着梁思成。梁思成顶住压力不放弃她，她也在一次又一次风雨与是非中，毫不动摇地选择他。

有人说，爱是一场一个人的春水泛滥，那爱只在心里，就什么都化了。是吗？哪个少年不钟情，哪个少女不怀春？那一汪春水，放到漫长的生命中，不过短如一个念头。像一场梦，醒了也就不作数了。相对于漫长的一生，执手相看，相依白首，永远抵得过纵然情深。

人的一生，到底需要多大功德，才能修行到不念过去，不畏将来的境界？然而，你我终究是凡人，我们总是回忆过去，同时又展望着未来，我们被原谅，也原谅他人，没有谁的一生一清二白，干干净净。

一切因缘际会，皆有安排。纵然缘起，终有尽时。爱你的，你爱的，总需对的人才能一同尝饮凡尘烟火。最美不是英雄美人，才子佳人，往往是寻常夫妻，茅舍篱院，他一句，你一言，炊饭煮茶，再无其他。

第四章

生离死别：原来一切都已来不及

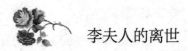# 李夫人的离世

风雨过后，彩虹出现；争吵过后，依偎相伴。有一种爱，经历风雨后再也不必盟誓，亦无须约定，只需守着岁月与光阴，跟着时间一步步往前走，便知有情人不会走散。可是，光阴无情，不管我们情感多么坚贞，它最终都会把我们送往另一个彼岸。生死别离，谁也逃不过，这是我们一生中，必须学习面对的功课。

林徽因和梁思成和好如初后，天气都变得明朗起来，徽因的身体像是有如神助，没几天便好了。他们恢复了往常的日子，去宾夕法尼大学上课，继续着未完成的学业。经历了争吵和生病，徽因似乎有意疏远徐志摩，她收到徐志摩的电邮后，并没有立即回电。徐志摩迟迟收不到信，这场一个人的独角戏逐渐谢幕了。

北京的家人，听到徽因和梁思成和好了，悬着的一颗心总算放了下来。梁启超得知两人和好的消息，在给大女儿梁思顺写信

倾我所能去坚强

时说："……思成对于徽音感情完全恢复，我听见真高兴极了。这是思成一生幸福关键之所在。我在几个月前很怕思成生出精神异动，毁掉了这孩子，现在我完全放心了……"他在信中还说，"思成与徽音，去年便有几个月在刀山剑树上过活！这种地狱比城隍庙十王殿里画出来还可怕，因为一时造错了一点业，便受如此惨报，非受完了不会转头。"

林徽因和梁思成都承受了折磨，也受完了"惨报"，接下来的人生只有执子之手，与子相伴。其实，他们当时并没有劫后余生的幸福，反而有一件事，让他们提着的心，总落不下来。

1915年，梁思成的母亲李夫人在马尼拉做了乳腺癌手术，夏天的时候，梁启超把她接回了天津。1924年，李夫人旧病复发，为了给她治病，全家搬到了北京，住在太平湖饭店。

在林徽因生病期间，梁思成已收到过家人来的电报，他本想着立刻回国，但病情不容乐观，没多久李夫人便仙逝了。身在美国的思成，即使用最快的时间赶回去，也需要一个多月。梁启超给梁思成发电报，让他安心在美国读书，不必赶回，后事由国内的亲人料理。

"子欲养而亲不待"，身为长子的梁思成如何能安心？他从来没想过，这种悲剧会在自己身上发生。他恨自己，为什么不早一点儿动身回国，或者能多给家里写几封信，让母亲知道他一切安好也能放心离去。

第四章

生离死别：原来一切都已来不及

可是，人生没有如果，也没有后悔药，对于母亲这份遗憾，成了梁思成心中永远的结。他陷入了深深的自责中，食不知味，夜不能寐，睁开眼便落泪，闭上眼母亲的音容笑貌便浮现在他的脑海里。望着日渐消瘦的梁思成，林徽因的心也难过成了一团，她整日陪着他，安慰他，希望他可以走出母亲离世的阴霾。

一路走来，他们相互扶持，彼此陪伴，可以说经历了人生几重灾难，如今的他们，感情更近了一层。夫妻本是同林鸟，大难临头各自飞，世间多少夫妻经历灾难还会各自飞去，更何况他们只是一对恋人呢？然而，在灾难面前，他们谁也没有各自飞去，而是走过了一重又一重，虽不是夫妻却胜似夫妻，情比金坚。

1925 年，林徽因和梁思成终于在经历灾难后，生活又回归了以往的平静。徐志摩成了一个埋藏在岁月里的人，他和林徽因难免有短暂的交集，但之后依旧各自安好。林徽因和梁思成不可动摇的感情，在他们的朋友圈里传开了。这时，无人再提及她与徐志摩的往事，在众人看来，林徽因当配梁思成。

徐志摩听着他和她的故事，心里十分不是滋味。当初一封信，他以为他唤回了爱情，谁知又是一场空欢喜。他对林徽因死心了，对她再也不愿意有过多打扰。

其实，林徽因当时并不知道，徐志摩早就结识了他生命中另一位重要的女子，只是在她与那位女子之间，他依然愿意选择徽因。

泰戈尔 64 岁寿辰那天，林徽因和徐志摩共同出演了一出戏剧，

倾我所能去坚强

那天为泰戈尔庆祝的名流里，有一位叫陆小曼的女子。

陆小曼是一位能诗善画、歌舞双绝的女子，她奉父母之命嫁给了哈尔滨警察厅厅长王赓。她一个多情的女子，与不解风情的王赓价值观不同，婚后的生活好似她一人独舞。徐志摩是多情的，他在陆小曼眼中看到了落寞，他们就那样不经意间，闯入了彼此的心扉。

有人说，徐志摩并不爱陆小曼，他只是想要忘记林徽因。也有人说，徐志摩热情似火，他需要一个能时时回应他情爱的女子，而远方的林徽因，不再是他梦里的人。

不管经历多少磨难，徐志摩和陆小曼在一起了。陆小曼为了和徐志摩在一起，不惜流掉腹中胎儿，即使被王赓的枪指着头，也要与徐志摩在一起。不过，徐志摩也没有好到哪里去，家人反对他们在一起，至死也不愿意承认陆小曼是徐家的媳妇。

徐志摩似一团火，为了爱情他勇往直前，什么也不怕。陆小曼亦是。1926年10月，徐志摩和陆小曼终于结婚了。当时，徐志摩想要邀请胡适做证婚人，但胡适的太太极力反对，而胡适本人也反对这段婚姻，便拒绝了徐志摩的请求。

无奈，徐志摩把证婚人的大任放到了梁启超身上。梁启超是他的恩师，他也反对这场婚姻，但看到徐志摩心意已决，便提出允许自己在婚礼上骂徐志摩才肯答应。徐志摩急于成婚，答应了这个条件。于是，梁启超在徐志摩和陆小曼婚礼上的证婚词中这

第四章

生离死别：原来一切都已来不及

样说道："我来是为了讲几句不中听的话，好让社会上知道这样的恶例不足取法。志摩、小曼皆为过来人，希望勿再作过来人。徐志摩！你这个人性情浮躁，所以在学问方面没有成就；你这个人用情不专，以致离婚再娶……陆小曼！你要认真做人，你要尽妇道之职。你今后不可以妨害徐志摩事业……你们两人都是过来人，离婚又重新结婚，都是用情不专。以后要痛自悔悟，重新做人！总之，我希望这是你们两个人这辈子最后一次结婚。这就是我对你们的祝贺，我说完了。"

第二天，梁启超给梁思成和林徽因写了信，告诉他们徐志摩成婚的消息："徐志摩这个人其实很聪明，我爱他不过，此次看着他陷于灭顶，还想救他出来，我也有一番苦心。老朋友们对于他这番举动无不深恶痛绝，我想他若从此见摈于社会，固然自作自受，无可怨恨，但觉得这个人太可惜了，或者竟弄到自杀，我又看着他找得这样一个人做伴侣，怕他将来苦痛更无限，所以对于那个人当头一棍，盼望他能有觉悟（但恐很难），免得将来志摩累死，但恐不过是我极痴的婆心便了。"

林徽因望着梁启超的信，不知做何感想，但总归祝福的成分居多。这些年来，许多人误会她，如今一切总算都结束了。

李夫人的去世，解脱了她与梁思成的婚事；徐志摩的婚事，解脱了她与徐志摩的流言蜚语。其实，所有的误会与流言，你无须解释，时间总能证明一些。相反，有时越是解释，便越是纠缠不清。不管曾经如何，如今他们各自安好，这就够了。

　　漫漫红尘，遥遥无际，无缘静守一方净土，有缘千里自会相遇。良辰美景，春花秋月，每一段细数光阴的日子，你是你，我是我，一切都不会改变，其实，也从没改变过。

林家噩耗，你安慰不了我

人生的别离，往往不止一场。我们在一次次别离中，慢慢学会放下，渐渐品出无常。今日你送他，明日他送你，世间因果，循环往复，生生灭灭，生生不已。长风万里，漫卷西风，人最后的归处，不过是一抔黄土埋凡骨。既然总要经历，与其哀怨痛哭，不如学着坚强面对，多年后，你一定会感谢那个从黑夜里站起来的自己。

不管林徽因曾经多么怨恨林长民对于母亲的无情，在她心中，父亲仍然是那个与她无话不谈，几乎成为知己的人。从小到大，他关爱着她，把她捧为掌上明珠，尊重她的思想，为她找到一个好伴侣，带她走遍万水千山……在她看来，她与父亲林长民的父女之情长着呢。她是父亲的骄傲，如今她成绩优异，更是没让父亲失望。那个懂她、爱她的人，她以为会一直陪在自己身边，谁知，

倾我所能去坚强

这棵大树竟然也会有倒塌的一天。一切来得太快了，快到还来不及反应，已经成了定局。

林徽因为了学习建筑，整日埋头苦读，疯狂钻研。他们在大学里，搜索着一切关于建筑的资料。徽因爱的是建筑艺术，更习惯从建筑艺术的角度进行研究。而梁思成除了钻研建筑艺术外，还有着绘画天分。当他开始学习制图，把绘画的天分应用到建筑学上时，思成很怕最终成为一个画匠，泯灭他的绘画天分。于是，梁启超在信中，对思成进行了这方面的指导："你觉得自己天才不能负你的理想，又觉得这几年专做呆板工夫，生怕会变成画匠。你有这种感觉，便是你的学问在这时期内将发生进步的特征，我听见倒喜欢极了。孟子说：'能与人规矩，不能使人巧。'凡学校所教与所学总不外规矩方圆的事，若巧则要离了学校方能发现。规矩不过求巧的一种工具，然而终不能不以此为教、以此为学者，正以能巧之人，习熟规矩之后，乃愈益其巧耳。不能巧者，依着规矩可以无大过。

"你的天才到底怎么样，我想你自己现在也未能测定，因为终日在师长指定的范围与条件内用功，还没有自由发掘自己性灵的余地。况且凡一位大文学家、大美术家之成就，常常还要许多环境与其附带学问的帮助。中国先辈说要'读万卷书，行万里路'。你两三年来蛰居于一个学校的图案室之小天地中，许多潜伏的机能如何便会发育出来，即如此次你到波士顿一趟，便发生许多刺

第四章

生离死别：原来一切都已来不及

激，区区波士顿算得什么，比起欧洲来真是'河伯'之与'海若'，若和自然界的崇高伟丽之美相比，那更不及万分之一了。然而令你触发者已经如此，将来你学成之后，常常找机会转变自己的环境，扩大自己的眼界和胸怀，到那时候或者天才会爆发出来，今尚非其时也。

"今在学校中只有把应学的规矩，尽量学足，不唯如此，将来到欧洲回中国，所有未学的规矩也还须补学，这种工作乃为一生历程所必须经过的，而且有天才的人绝不会因此而阻抑他的天才，你千万别要对此而生厌倦，一厌倦即退步矣。至于将来能否大成，大成到怎么程度，当然还是以天才为之分限。

"我生平最服膺曾文正两句话：'莫问收获，但问耕耘。'将来成就如何，现在想他则甚？着急他则甚？一面不可骄盈自慢，一面又不可怯弱自馁，尽自己所能力做去，做到哪里是哪里，如此则可以无入而不自得，而于社会亦总有多少贡献。我一生学问得力专在此一点，我盼望你们都能应用我这点精神。"

自古名师出高徒，有梁启超这位名师，梁思成和林徽因在学术上的追求，变得更加踏实了。年轻人，一面自傲，一面又为未来担忧，在梁任公看来，真是多此一举。而他一生所追求的"莫问收获，但问耕耘"这种精神，放到年轻人身上，更是难上加难。多少人，连安静下来都很难，莫说"尽自己能力去做，做到哪里是哪里"了。

倾我所能去坚强

人人渴望成功，渴望即刻成功，但学问与成功，不是一朝一夕的事，有时成功往往还需要加上一点点运气。我们不能模仿别人成功，但我们可以学习成功人士刻苦钻研的方法，让自己有机会成功。

收到梁启超的信，徽因自然受益匪浅，但她根本没有心情研究这封信的内容，她更挂怀的是父亲怎样了。林徽因已经很久没有收到林长民的信了，她与梁思成吵架那段时间，林长民也从没有只言片语的问候，这根本不符合父亲的性格。

无奈，林徽因只能求助梁启超，向他询问林长民的消息。信寄出去了，梁启超的信却迟迟没有回。徽因一天几次去邮局查看有没有她的信件，每次都是失望而归。终于有一天，梁启超回信了，他在信中写："林长民要去奉军郭松龄部做幕府，如今的国内政治局势不明朗，虽然很多亲朋好友都曾劝阻林长民不要去，可他那倔强的性格向来不听人劝，如今消息不明。"

看完信，林徽因再也没有心情读书了，她整日盼望着父亲的信件，希望远方的父亲能向她报个平安。如今，连梁启超也找不到他，怕是情况不妙。林徽因了解林长民，他认定的事，宁可牺牲自己的性命也会去做。当初他带她来欧洲，林长民与客人谈话时，便表达过渴望展示自己的政治才华，渴望做出一番成就。

林徽因在等待中承受着煎熬，她希望收到国内的信件，但又害怕收到国内的信件，假如是坏消息，真是葬送她半条命。

第四章

生离死别：原来一切都已来不及

无论林徽因如何向上天祈祷，国内的消息还是传到了大洋彼岸。梁启超在思成的信中说："今天报纸上传出可怕的消息，我不忍告诉你，又不能不告诉你，你要十二分镇定着，看这封信和报纸。

"我总还希望这消息不确的，我见报后，立刻叫王姨入京，到林家探听，且切实安慰徽因的娘，过一两点她回来，或者有别的较好消息也不定。……

"我现在总还存万一的希冀，他能从乱军中逃命出来。万一这种希望得不着，我有些话切实嘱咐你。

"第一，你要自己十分镇静，不可因刺激太剧，致伤自己的身体。因为一年以来，我对于你的身体，始终没有放心……你不要令万里之外的老父为着你寝食不安，这是第一层。徽音遭此惨痛，惟一的伴侣，惟一的安慰，就只靠你。你要自己镇静着，才能安慰她，这是第二层。

"第二，这种消息，谅来瞒不过徽音。万一不幸，消息若确，我也无法用别的话劝解她，但你可以传我的话告诉她：我和林叔叔的关系，她是知道的，林叔的女儿，就是我的女儿，何况更加以你们两个的关系。我从今以后，把她和思庄（思庄是梁启超的二女儿）一样地看待。在无可慰藉之中，我愿意她领受我这十二分的同情，渡过她目前的苦境。她要鼓起勇气，发挥她的天才，完成她的学问，将来和你共同努力，替中国艺术界有点贡献，才

倾我所能去坚强

不愧为林叔叔的好孩子。这些话你要用尽你的力量来开解她。

"……徽因留学总要以和你同时归国为度。学费不成问题，只算我多一个女儿在外留学便了，你们更不必因此着急。"

收到这样的信件，梁思成不知该不该给林徽因看。他怕她承受不住这样的打击，可纸包不住火，她早晚有一天会知晓。梁思成见徽因整日提心吊胆，坐立不安，心疼极了。当他把信送到徽因手中时，徽因读完信几乎昏厥过去。半晌，她从痛苦中醒来，心存侥幸地给梁启超发回急电，想知道林长民是否有新的消息，是否从战场上逃了出来。

很快，梁启超的信件再次寄来，这一次林徽因痛到几乎失去知觉。梁启超在信中写道："我初二进城，因林家事奔走三天，至今尚未返清华。前星期因有营口安电，我们安慰一会。初二晨，得续电又复绝望。昨晚彼中脱难之人，到京面述情形，希望全绝，今日已发丧了。遭难情形，我也不忍详报，只报告两句话：（一）系中流弹而死，死时当无大痛苦；（二）遗骸已被焚烧，无从运回了。我们这几天奔走后事，昨日上午我在王熙农家连四位姑太太都见着了，今日到雪池见着两位姨太太。现在林家只有现钱三百余元，营口公司被张作霖监视中（现正托日本人保护，声称已抵押日款，或可幸存）。实则此公司即能保全，前途办法亦甚困难。字画一时不能脱手，亲友赙奠数恐亦甚微。目前家境已难支持，此后儿女教育费更不知从何说起。

第四章

生离死别：原来一切都已来不及

"现在惟一的办法，仅有一条路，即国际联盟会长一职，每月可有二千元收入。我昨日下午和汪年伯商量，请他接手，而将所入仍归林家，汪年伯慷慨答应了。现在与政府交涉，请其立即发表。此事若办到，而能继续一两年，则稍为积储，可以充将来家计之一部分。我们拟联合几位朋友，连同他家兄弟亲戚，组织一个抚养遗族评议会，托林醒楼及王熙农、卓君庸三人专司执行。因为他们家问题很复杂，兄弟亲戚们或有见得到，而不便主张者，则朋友们代为主张。这些事过几天（待丧事办完后）我打算约齐各人，当着两位姨太太面宣布办法，分担责成（家事如何收束等等，经我议定后谁也不许反抗）。但现在惟一希望，在联盟会事成功，若不成，我们也束手无策了。微音的娘，除自己悲痛外，最挂念的是徽音要急杀。我告诉她，我已经有很长的信给你们了。徽音好孩子，谅来还能信我的话。我问她还有什么（特别）话要我转告徽音没有？她说：'没有，只有盼望徽音安命，自己保养身体，此时不必回国。'我的话前两封信都已说过了，现在也没有别的话说，只要你认真解慰便好了。

"徽音学费现在还有多少，还能支持几个月，可立刻告我，我日内当极力设法，筹多少寄来。我现在虽然也很困难，只好对付一天是一天，倘家里那几种股票还有利息可分（恐怕最靠得住的几个公司都会发生问题，因为在丧乱如麻的世界中，什么事业都无可做），今年总可勉强支持，明年再说明年的话。天下大乱

倾我所能去坚强

之时，今天谁也料不到明天的事，只好随遇而安罢了。你们现在着急也无益，只有努力把自己学问学够了回来，创造世界才是。"

梁启超这封长信，让林徽因最后一丝期盼也没了，她转眼间从天堂跌入了地狱。一想到父亲已经离开这个世界，她就想追着父亲而去。生命，如此脆弱，生死也不过一瞬间，这些她不是不懂，可她无法接受。

她想回国，却被梁启超的电函阻止。她吃不下饭，睡不着觉，好容易睡着了，梦里全是父亲的影子。为什么？为什么老天爷不肯给她父亲机会呢？前段时间，父亲还告诉她，国内的政治风云诡计多端，让他厌烦了从政。他打算明年起，深居简出，亲自给他的小儿授课。闲来无事时，就打磨他的书法技艺，修身养性……

明明只需一年，只需一年她的父亲就可回归家庭，过着颐养天年的日子。可是，命运连一年的时间都不肯给，就让他葬身于战场。父亲死了，她的母亲如何安身，年幼的弟妹们又将如何继续未完成的学业？

梁思成安慰着徽因，希望她能站起来，但徽因根本听不下去。对于她来说，身后的大树倒了，再也没人能为她遮风挡雨了。她才二十几岁，今后的人生她该如何面对？

是啊！她二十多岁，在国外读书留学，相比家中的弟妹们，她已长大成人。林徽因在悲痛中，认清了当下生活的严酷。假如她倒下了，那林家更无人撑着了。她虽然远在国外，好在还能继

第四章

生离死别：原来一切都已来不及

续未完成的学业，将来回国也能为林家尽力。她不能倒下，绝不能。

一个人无论经历多大风雨，旁人终究安慰不了你，一切还要靠自己从中走出来。好在，林徽因是那位坚强的女子，她虽然瘦弱，但心里始终担着大责任。她回忆起梁启超对她说过的话，才猛然醒悟其中的意味。

她必须冷静下来，因为悲痛无法解决当下任何问题。唯有她好好的，才能扛起更大的人生抱负。

亲手做嫁衣

　　陌上春光，桃红柳翠，纵然磨难重重，终究都会过去。尘世间最美好的女子，莫过于遇到磨难懂得坚强，平淡岁月勤俭持家，良善待人的女子。若问女子一生中何时最美，那当属出嫁。一年四季，花开花落，出嫁的女子，宛如万花齐放，美似人间四月天。二十几岁，花一般的年纪，她的春天来了，春天为她戴上花冠，春风把她吹送到婚礼上，没有什么比这一刻更美了。从此，一生一代一双人，相濡以沫，执手相看，生死无惧。

　　林长民意外身亡，给林徽因带来了不小的打击。梁启超忙完林家事宜，便操心起了徽因和思成结婚的事。如今，林徽因再不是林家大小姐，身份与地位都发生了翻天覆地的变化。梁启超顾念未来儿媳的心情，他希望通过婚姻，让徽因恢复往日的自信，不要沉浸在家族败落的悲痛中。

第四章

生离死别：原来一切都已来不及

在处理林家事宜时，梁启超一向硬朗的身体，也渐渐出了问题。一开始，他以为是自己劳累所致，休养一段时间就会好。当病情持续恶化，他每次都疼得汗流浃背，才决定入院治疗。梁启超病情特殊，他入住的德国医院并未见过该类病情，所以将诊断结果确认为右侧毛细血管破裂导致身体疼痛。他们按此类病情治疗一段时间后，梁启超的病情没有得到好转，于是又转院至协和医院。

梁启超在德国医院耽误了病情，当他入住协和医院后，医生诊断的结果是，梁启超的右侧肾脏坏死，必须尽快切除。他生病那段时间，并没有将自己的病情如实告诉给远方的林徽因和梁思成。他希望儿女们能够专心学业，不要因他生病的事而分心。

大抵天下所有的父母都喜欢向儿女报喜不报忧，所以才引发了一个又一个子欲养而亲不待的悲剧。父母想暂时让儿女放心，有时却会成为儿女终身的遗憾。有些孝道，若是能提前尽到，有些陪伴若能提前做好，我们的人生才能毫无后顾之忧地大胆前行。相反，有些遗憾让儿女们背负了大半生，遗憾让他们变得畏首畏尾，总是在原地打转，等明白人生的无常与因果时，生命已经走入了下半场，后悔晚矣。

1927 年 3 月的一个周末，胡适应宾夕法尼亚大学的邀请来学校演讲。林徽因见到胡适，激动的泪水差点掉下来。三年的美国生活，她经受了太多的苦难与折磨，在这位老朋友面前，她敏感脆弱的心瞬间崩塌了。

倾我所能去坚强

提到林长民的去世，胡适唏嘘不已。林长民在世时，胡适曾让林长民写自传，因为他发现中国最缺乏纪实的、具有史料价值的文学作品。他总是劝身边老一辈有学识者写自传，但他们都太忙，自传的事总是一拖再拖。林长民曾答应胡适，50岁时要写自述，当作赠送给自己的生日礼物。可到了50岁时，林长民说："适之，今年实在太忙了，自述写不成；明年生日我一定补写出来。"

听到这里，徽因的眼泪再一次决堤。人生有多少事，总以为来得及，总以为还有大把时间，将来总能完成重要的事。事实上，我们总被鸡毛蒜皮的小事干扰，从而导致重要的事一拖再拖，直拖到人生最后一刻才发现，原来很多事已经来不及。

老天爷让我们在别人的故事里体会自己的人生，可放下书本，我们又成了故事里的人，像他们一样，总以为自己还有大把时间可挥霍。

胡适看徽因难过，忙转移她的注意力。近日，梁启超身体欠佳，一直是孩子们的牵挂，胡适安慰着徽因和思成，称梁任公也有这样的应允，但至今仍未动笔，他自信身体精力没问题，所以希望他们放心。

时光飞速流转，林徽因从宾夕法尼亚大学美术系毕业，并获得美术学士学位。而后，她选择去耶鲁大学学习戏剧专业，并在帕克教授工作室学习舞台美术设计。同年，梁思成获得宾夕法尼亚大学建筑学硕士学位，随后申请了哈佛大学研究生院，攻读东

第四章

生离死别：原来一切都已来不及

方艺术博士学位。

当两个人的学业尘埃落定，婚礼的事也确定了下来。梁启超安排大女儿梁思顺为徽因和思成操办婚礼。按照西方习俗，他们要在教堂举行婚礼，但在美国，徽因买不到中式礼服，而徽因又不愿意穿西式婚纱，她只好亲手为自己缝制理想中的婚纱。

每个女孩，都有一件梦中的婚纱，或简约，或华贵，或飘逸，或洒脱，能穿上自

林徽因与梁思成的婚纱照，徽因身穿自己设计的礼服

己亲手缝制的婚纱是每个女孩的梦想。这样的梦想，徽因实现了。

这是徽因第一次担任设计师，她设计的是一套旗袍式裙装，在头饰装扮上，别出心裁地在帽子两侧做了长长的披纱。这件婚纱，既符合中国民族的情调，又带着西方婚纱的浪漫。那时，梁启超的信件频繁寄来，讲述着北京家中为他们准备的订婚仪式的情形："这几天家里忙着为思成行文定礼，已定本月十八日（阳历）在京寓举行（日子是王姨托人择定的。我们虽不迷信，姑且领受他一片好意。那天恰是星期天），因婚礼十有八九是在美举行，所

倾我所能去坚强

以此次行文定礼特别庄严慎重些。晨起谒祖告聘，男女两家皆用全帖遍拜长亲，午间宴大宾，晚间家族欢宴……今将告庙文写寄，可由思成保藏之作纪念。

"聘礼我家用玉骊两方，一红一绿，林家初时拟用一玉印，后闻我家用双珮，他家也用双印，但因刻印好手难得，故暂且不刻，完其太璞。礼毕拟将两家聘礼汇寄坎京，备结婚时佩戴，惟物品太贵重，深恐失落。届时当与邮局及海关交涉，看能否确实担保，若不能，即仍留两家家长处，结婚后归来，乃授与保存……"

婚礼越来越近了，徽因也忙着赶制礼服。刚刚寄过信的梁启超帮他们在北京完成订婚仪式后，很快又寄来了信件："……这几天为你们聘礼，我精神上非常愉快。你想从抱在怀里'小不点点'（是经过千灾百难的），一个孩子盘到成人，品性学问都还算有出息，眼看着就要缔结美满的婚姻，而且不久就要返国，回到我的怀里，如何不高兴呢？今天北京家里典礼极庄严热闹，天津也相当的小小点缀，我和弟弟妹妹们极快乐地顽了半天。想起你妈妈不能小待数年，看见今日，不免起些伤感，但她脱离尘恼，在彼岸上一定是含笑的……

"婚礼只要庄严不要侈靡，衣服手饰之类，只要相当过得去便够，一切都等回家再行补办，宁可节省点钱作旅行费。

"你们由欧归国行程，我也盘算到了。头一件我反对由西伯利亚路回来，因为野蛮残破的俄国，没有什么可看，而且入境出境，

第四章

生离死别：原来一切都已来不及

都有种种意外危险（到满洲里车站总有无数麻烦），你们最主要目的是游南欧，从南欧折回俄京搭火车也太不经济，想省钱也许要多花钱。我替你们打算，到英国后折往瑞典、挪威一行，因北欧极有特色，市政亦极严整有新意（新造之市，建筑上最有意思者为南美诸国，可惜力量不能供此游，次则北欧特可观），必须一往。由是入德国，除几个古都市外，莱茵河畔著名堡垒最好能参观一二；回头折入瑞士，看些天然之美，再入意大利，多耽搁些日子，把文艺复兴时代的美彻底研究了解。最后便回到法国，在马赛上船（到西班牙也好，刘子楷在那里当公使，招待极方便；中世及近世初期的欧洲文化实以西班牙为中心），中间最好能腾出时间和金钱到土耳其一行，看看回教的建筑和美术，附带着替我看看土耳其革命后政治。关于这一点，最好能调查得一两部极简明的书（英文的）回来讲给我听听。……"

　　大道至简，最高的智慧都是相通的。望着这封信，林徽因不由自主地发出感叹，梁启超虽然不懂建筑，但通了"道"，建筑上的意见，也能信手拈来。许多父母总是望子成龙，但他们的儿女需要人生和事业上的建议时，却又无法指点一二，一切只望孩子能自己领悟。龙生龙，凤生凤，想要子女成龙成凤，一定也少不了父母付出努力。可人们往往希望，上有父母能啃老，下有子女保晚年，唯独自己想坐享其成，这实在是一大笑话。

　　1928年3月，林徽因和梁思成已相识九年，他们的爱情经历

倾我所能去坚强

了风风雨雨，如今两人终于成婚。眼前的人熟悉又陌生，熟悉是因为他是她认识的那个人，不熟悉的是，他西装笔挺，庄严端正，仿佛梦中的王子一般。

他向她宣誓，他为她戴上指环，他的吻轻轻地落下来……这一切美得一点儿也不真实。她的眼泪不由自主地落了下来，这一切来得太不容易了。

当台下的亲朋好友掌声响起，徽因才从梦中醒来。他轻拭她脸上的热泪，半晌问她："有一句话，我只问这一次，以后都不会再问，为什么是我？"

林徽因想了想说："答案很长，我得用一生去回答你，准备好听我说了吗？"

这大概是世间最美的情话了，不是"我爱你"，也不是"在一起"，而是用一生的时间来回答，爱是什么。

梁思成之所以这样问，也是有原因的。与他们一起在美留学的顾毓琇说："思成能赢得她的芳心，连我们这些同学都为之自豪，要知道她的慕求者之多有如过江之鲫，竞争可谓激烈非常。"

一切总算尘埃落定，徽因找到了港湾，徐志摩有了归宿，他们今生再无瓜葛。这位绝世女子生于名门，追求者甚多，最后仍然嫁给梁思成，过起了烟火生活。他们的生活，与众人到底有点不一样，他们有建筑，有远大抱负，终生为了事业并肩前行。漫漫百年，平淡夫妻，有多少抵不过岁月侵蚀，最后分道扬镳。然而，人生最美的不是你侬我侬，闲话家常，而是家常里有共同的方向，使得夫妻二人携手共进，眼里只有彼此，再没旁人。

蜜月期的建筑之旅

　　董其昌在《画旨》中说："读万卷书，行万里路。"许多年轻人，为了"行万里路"，流行起了说走就走的旅行。当旅行成为一种时尚，成为调解生活的方式，我们似乎忘记了旅行真正的意义。人生要努力读书，也要靠脚将所学的知识在生活中体现出来。王阳明先生讲"知行合一"，读书是知，旅行则带着行的意味。我们不能为了说走就走的潇洒，忘记了"学为所用"的目的。

　　梁启超在给林徽因和梁思成的信中，已为他们规划好了蜜月期的旅行路线。这一次旅行，与徽因第一次出国完全不同。那时，林长民希望女儿徽因多长见识，好确定她人生的方向与志向。她在欧洲的建筑、艺术、诗歌、戏剧中汲取着营养，渴望拓宽自己的眼界，让人生有广阔的宽度。如今的旅行，则带了更多的目的性，表面上是蜜月之旅，实际上是对近年来所学的建筑艺术进行实地

生离死别：原来一切都已来不及

考察与学习，一一去验证书本上的知识。

他们先去了伦敦，那是徽因曾经走过的地方。当他们再一次站在伦敦建筑物前，才发现看建筑的眼光变得不一样了。之前，她只懂得美观与否，颜色搭配是否协调，如今再看，则将焦点放到了设计格局、构图手法、钢筋混凝土、光与影、空间形象等专业技术上。林徽因与梁思成所见每一处建筑，都不由得发出惊叹，那些设计师简直宛若上帝之手。

之后，他们又去了德国、瑞典、意大利、西班牙、法国等国家。在旅行时，梁启超给思成写信，要求思成每到一处，就给他邮寄明信片。在这位老父亲看来，孩子们年纪还小，需要他这位老父亲带领着才好。若遇到不懂的历史、文学、建筑等问题，他也好及时为他们做出解答。当徽因和思成旅行到西班牙时，他们收到了梁启超寄来的信件。那时，梁启超身体欠安，一直在养病，给儿女们写信，往往能让他忘记病痛的折磨。他的信件除了平日里的问候，总是充满对儿女们的谆谆教诲："我将近两个月没有写'孩子们'的信了，今最可以告慰你们的，是我的体子静养极有进步，半月前入协和灌血并检查，灌血后红血球竟增至四百二十万，和平常健康人一样了。你们远游中得到此消息，一定高兴百倍。

"思成和你们的姊姊报告结婚情形的信，都收到了，一家的冢嗣，成此大礼，老人欣悦情怀可想而知。尤其令我喜欢者，我以素来偏爱女孩之人，今又添了一位法律上的女儿，其可爱与我

倾我所能去坚强

原有的女儿们相等，真是我全生涯中极愉快的一件事。

"你们结婚后，我有两件新希望：头一件，你们俩体子都不甚好，希望因生理变化作用，在将来健康上开一新纪元。第二件，你们俩从前都有小孩子脾气，爱吵嘴，现在完全成人了，希望全变成大人样子，处处互相体贴，造成终身和睦安乐的基础。这两种希望，我想总能达到的。……

"你们回来的职业，正在向各方面筹划进行（虽然未知你们自己打何主意）：一是东北大学教授（东北为势最顺，但你们去也有许多不方便处，若你能清华，微音能得燕京，那是最好不过了），一是清华学校教授，成否皆未可知，思永当别有详函报告……

"但现在觅业之难，恐非你们意想所及料，所以我一面随时替你们打算，一面愿意你们先有这种觉悟，纵令回国一时未能得相当职业，也不必失望沮丧。失望沮丧，是我们生命上最可怖之敌，我们须终身不许它侵入。

"你来信终是太少了。老人爱怜儿女，在养病中以得你们的信为最大乐事，你在旅行中尤盼将所历者随时告我（明信片也好），以当卧游，又极盼新得的女儿常有信给我。"

林徽因和梁思成收到父亲的信，才深知自己玩得过于痛快，忘记了梁启超对他们的牵挂。好在，他们买了相机，将一路所到之地的景色，拍成了照片。当照片冲洗出来后，林徽因哑然失笑。无论她拍思成，还是思成拍她，几乎所有的照片人物都小到像只

生离死别：原来一切都已来不及

蚂蚁，而庞大的建筑物则占据了全部照片。

三个多月的游历，他们漫步欧洲各地，这次的旅行，让他们真正意识到，原来他们对建筑的热爱，已经超过了自己的想象。在日后的相处中，他们彼此来往的信件，永远少不了建筑的主题。人们常说，三观相和最重要，于是很多人不断地寻找着与自己三观相近的人。事实上，天底下没有谁专门为谁而生，每个人背景不同、生活环境不同、教育不同，几乎很难三观相和。有些人之所以看起来三观相同，不过是因为在相处中少了"自我"。当徽因第一次向思成提起建筑艺术时，思成便听进去了，她所描述的艺术令他着迷；当他向她传授绘画知识时，徽因也会低下头来向他学习。他们各自有各自的主见，各自有各自的思想。君子和而不同，我们不仅要低头学习能"和"的部分，也要学会尊重彼此"不和"的部分。

林徽因和梁思成再次收到了梁启超寄来的信件，这一次确定了思成的工作，拿到了东北大学的聘书。梁启超在信中说："那边的建筑事业将来大有发展的机会，比温柔乡的清华园强多了。但现在总比不上北京舒服，我想有志气的孩子，总应该往吃苦路上走。"

身为父母，总想给孩子最好的一切。舍不得孩子受委屈，怕他吃苦，想让他无忧无虑地在幸福生活中长大。但无论如何期望，父母终究无法陪伴孩子一生，人生中的道路还需要他自己去走完。

不知道从什么时候开始，人们开始讨厌苦难，认为苦难不是一件值得歌颂的事。他们说："苦难从来不是什么磨炼，苦难就是苦难。"苦难是苦难不假，但是当苦难来临，没在苦难中学会坚强成长，而是抱怨苦难的种种不是，那这苦真是白吃一场。

事实上，林徽因和梁思成后半生一直主动"吃苦"。他们为了探索古代建筑，前往中国各地，下农村，走夜路，吃不好睡不好，过着颠沛流离的生活。每次他们探索到一座值得研究的古代建筑时，舟车劳顿的疲惫，双脚的疼痛全都忘了。若是他们像传统富家子弟一样娇生惯养，怕是后来也不会在建筑上有所成就。

梁启超完全有能力把思成和徽因培养成温室里的花朵，但是他没有，他深知人生总要摔打几下，唯此才能让他们的身体和精神变得健硕，遇到困难再不会感到害怕。

生离死别：原来一切都已来不及

 ## 名校里最受欢迎的梁林先生

1928 年 7 月，徽因和思成结束了蜜月之旅，从苏联乘坐火车回国了。

出国几年，他们终于回到了日思夜想的亲人身边。徽因在梁家行完了儿媳之礼，很快回了让她日夜担心的福州娘家。再见母亲，她苍老不少，脸上布满岁月刻下的痕迹，耳鬓的青丝更是白了许多。林长民去世后，这个家还能得以存活，多亏了公公梁启超的安排。徽因与母亲哭着拥抱在了一起，这些年她们承受的苦难，真是一言难尽。徽因对母亲，再也没了往日的怨恨，更多的是爱与同情。她逐渐明白，尘世间的女子，不是都像她一样坚强、倔强，总是不肯向命运低头。不过，父亲的溘然长逝也让她明白了，已成定局的命运与其逃避，不如勇敢面对。也正因为她有勇气站起来，才没让她变成一个无用的人。

倾我所能去坚强

　　相聚总是短暂的，徽因和思成去东北大学任教的日子马上就要到了，他们匆匆告别母亲，返回北京，准备去东北大学工作的事。

　　东北大学成立于 1923 年，校长是张学良。张学良喜欢重用年轻人，在全国范围内搜集中国留学生，林徽因和梁思成在征选范围内，便很快得到了新的职位。张学良在科目部分上，对原来的建制进行了扩充和革新，原来是文、法、理、工四科，如今设立了文学院、法学院、理学院、工学院，工学院增加了建筑系。当时，除南京中央大学机械系设有建筑专业外，全国仅有东北大学有建筑系。

　　东北大学建筑系创立之初，只有林徽因和梁思成两位教职员，徽因担任英语和美术装饰课的教师，思成教学生建筑学概论和建筑设计原理等课程。

　　这是他们第一次担任建筑系的老师，许多学生还不明白建筑是怎么一回事。那时，中国没有建筑系，所以也没有合适的教材，而欧洲大学的教材，大部分并不适合国内的学生。他们一边根据中国的环境讲述着建筑学、美学、历史、绘画史等，一边将在国外所学的内容进行整合研究，尽量做到让学生喜欢上这门学科。

　　梁思成的课，有板有眼，有实例，有分析，有数据，有探测，他深厚的学养与功力令学生们佩服。而林徽因的课，则更像听她朗诵诗歌。她总是穿梭在古今中外，将中西方的书画、雕塑、音乐、语言、哲学、文学、工程技术等信手拈来，令人如沐春风，使学

生离死别：原来一切都已来不及

生忘我地陶醉其中。梁思成和林徽因不过二十多岁的年纪，比学生们年长不了几岁，听他们两位老师讲课，却仿佛他们是比自己年长许多的前辈，只有那样的年纪才配得上这样的学识。

这段时间里，他们备受尊重与喜爱，日子也过得平平淡淡。林徽因白天上课，晚上帮助学生补习英文，余下的时间，便与梁思成商量建筑系教材的事。中国建筑系缺乏老师，其他大学将来也会开设建筑系课程，而他们又分身乏术，只能将教材先研究出来。

林徽因为了学问长期睡眠不佳，而她从小生活在南方，对于北方的寒冷并不适应，她常常感冒发烧，但学生的课又不敢耽误，身体日渐消瘦起来。梁思成看到忙碌的徽因很是心疼，一直劝她找医生看病，她觉得他小题大做，并没将生病的事放在心上。

她并不知道，她感冒的原因，很可能是怀孕导致免疫力低下。当她拖着病重的身体，从医生那里得知怀孕的消息时，又喜又悲。喜的是，她终于要做妈妈了；悲的是学校任务繁重，她实在没办法好好休养。林徽因对于教育的专注，对于学术的认真，以及带病上课的精神鼓舞着学生，在学生心中，林徽因是他们学业和精神的双重导师。许多学生，后来提及林老师，都还记得她当年在台上授课的模样。

林徽因的儿子在提及母亲建筑方面的成就时，也认为母亲是出色的："母亲应该专心文学，还是研究建筑，对她个人更有意义也会更有成就？我认为，在母亲身上，那种诗人的气质，和建

倾我所能去坚强

筑艺术家的眼光，相得益彰，缺一不可。她的建筑文章，尤其是早期的这类作品，写得神采飞扬。譬如《平效建筑杂录》，其中有几篇，就被行家认为是研究中国古建筑的范文。建筑除了要有'诗情画意'之外，还要有'建筑意'，这是我母亲最先提出来的主张。母亲在文学和建学两方面都有才华，但从1942年就发病，1955年3月21日病逝，只活了五十一岁，她多方面的才能未得发挥，实在是一件很悲惨的事。"

世人评价一个人，也无非评价他的个人成就与作风，然而，这成就的背后，付出的心酸与努力，还有对于报效祖国的执着，却少有人关心。在建筑与文学上，林徽因纵然有万般才华，她终究做到了超于常人的付出。而对于她的情感部分，不过是文学上"诗意"的宣泄罢了。一个女子，大半生时光交给了学问，个人情感就难免显得落寞了。

林徽因的身体每况愈下，如今又怀有身孕，为了肚子里的宝宝，梁思成本打算安排徽因回老家调养。谁知，他们还没回到家中，竟收到了梁启超的来信。梁启超一生严谨，写信时字体也公公正正，而这次的小楷明显下笔无力，潦潦草草："……这回上协和一个大当。他只管医痔，不顾及身体的全部，每天两杯泻油，足足灌了十天（临退院还给了两大瓶，说是一礼拜继续吃，若吃多了非送命不可），把胃口弄倒了。也是我自己不好，因胃口不开，想吃些异味炒饭、腊味饭，乱吃了几顿，弄得肠胃一塌糊涂，以致发烧连日不止（前信言感冒误也）。人是瘦到不像样子，精神也很委顿……"

望着简短的信，林徽因和梁思成心中一沉。平日父亲报喜不报忧，但他的字体却出卖了他。这两年来，梁启超因身体的原因，出入医院已成家常便饭，他虽然身体衰弱，却自认为体质强健，而这一次，父亲怕是真的不行了。

他们还没来得及准备，很快又收到了一封老家发来的电报："父亲梁启超病重。"林徽因和梁思成匆匆赶回了北京。

如果说，林徽因和梁思成是学生们的精神导师，那么梁启超又何尝不是他们二人精神世界的引路人？大概教育就是如此吧，真正的教育从来不是书本上的知识，而是身体力行，言传身教。如今，林徽因和梁思成的这位精神导师要离他们而去了，他们生命中最后一棵依靠的大树也要倒了。

今后的路，该去向哪里，又走向何方？怕是只能一步步靠自己摸索前行了。

倾我所能去坚强

梁任公的意外身亡

孩子长大了，父母就老了。我们年幼时，父母为了我们辛苦奋斗，倾注了全部身心。我们长大时，一心忙事业，忙家庭，留给父母的只有片余时间。如今，他们老了，老似孩童，需要陪伴，需要照顾，如同年幼时的我们……可是，我们又能在他们身上倾注多少时间呢？

我们常常认为一生很长，一切都来得及，殊不知，"来得及"是一种思维模式。我们只有走到悬崖边上才会猛然惊醒，人生没那么多"来得及"。事实上，我们从一出生，就已经走在了奔赴黄泉的路上，这段路途不管有多遥远，都难免遇到磕磕绊绊。因此，活好当下每一刻，珍惜当下每一秒，才不会让"来得及"变成"我很遗憾"。

梁启超的死，实在是一大冤案，他明明可以好好地活下去，

第四章

生离死别：原来一切都已来不及

谁知意外却比明天，先来了。

林长民死后，梁启超四处奔走，身体出现了严重的问题。经医院确诊，他的右侧肾脏坏死，必须手术切除。随后，梁启超入院进行了手术治疗，但苦于当时医疗水平太差，竟切除了左侧健康的肾，将那颗坏死的肾留在了体内。中国一代思想界的伟人，因为医生的失误，提前结束了自己的生命。

事实上，自1926年，梁启超做完手术后，出血情况便一直没有好转。他自信自己底子不错，可以撑些时日，便用最后的余力为梁思成和林徽因完成了婚姻大事，以及他们的工作事宜。对于这起事故，梁思成当时并不知晓。一直到1970年，梁思成因病入住协和医院时，才得知了此事。那时，这起重大医疗事故，协和医院怕承担责任，对该事故进行了保密。直到1949年后，医学教授在讲授如何从X光片中辨别左右肾时，拿出了梁启超的X光片作为实例讲述，才将这个秘密曝光出来。

1929年1月19日下午2时15分，梁启超与世长辞，享年56岁。梁任公一生著述一千四百万字，是中国思想文化界的一位巨擘。他一生崇拜墨子人格精神，自号"任公"，意思便是提醒自己，要以天下为己任，大公无私，吃苦耐劳。他是晚清及民初学术文化界的旗帜，是不同学科的顶尖人物。他的一生，深刻地影响了林徽因和梁思成，他们有所成就，离不开梁启超的教诲和指导。

北京各界与广东省旅平同乡会在广汇寺公祭梁启超。梁思成、

倾我所能去坚强

林徽因、梁思永、梁思礼、梁思达等均到场参加法事。林徽因怀有身孕，加上身体瘦弱，孕吐得厉害，思成几次劝她暂时休养，她都不肯。作为梁家长媳，无论如何悲痛，身体如何抱恙，她都必须向父亲梁启超那样，为这个家族和后人做出榜样。

林徽因说："父亲平常做学问太苦了，不太注意自己的身体，病到这个程度，还在赶写《辛稼轩年谱》。"

身为普通人，往往羡慕伟人的成就。可对于伟人坚守在最后一刻的这种精神，却做不到。莫说身体流血不止，需要灌血治疗，即是普通感冒发烧，带病上岗，也会抱怨自己太辛苦了吧。伟人之所以是伟人，不仅仅因为他们天生聪颖，还因为他们的付出超出常人许多倍。

林徽因带病和梁思成一同为梁启超设计了一座高大的墓碑。墓碑是大理石材质，高 2.8 米，宽 1.7 米，形状似槔，古朴庄重。上面刻着"先考任公府君暨李太夫人墓"，墓碑的背面，刻上了九位子女的名字。

梁启超的灵柩安葬于北京香山卧佛寺东的山坡上，如他生前所嘱托的遗愿，与他的原配李夫人合冢。

林徽因和梁思成刚毕业没多久，一心想要有所建树，没想到的是，他们的第一件作品，竟是父亲的墓碑。

处理完梁启超的后事，1929 年 3 月，林徽因和梁思成再一次回到了东北大学。之前经历父母的生死大关，无非心情悲痛，他

第四章

生离死别：原来一切都已来不及

们并没有为父母料理过后事。如今处理梁启超的丧事，梁思成又是长子，他们初次举办这样隆重而盛大的哀事，一直小心翼翼，战战兢兢，生怕做得有不得当之处。回到东北后，林徽因更瘦了，沉静下来的她，再次病倒。她妊娠反应加剧，连喝口水也会呕吐不止。梁思成劝她休息，让她多想想肚子里的宝宝，可是林徽因却说："我只有站在讲台上，才能忘记身体的不适。"

她的辛劳岂止是带病讲课这么简单？那段时间她还与梁思成参加了另外两个工程项目。一个是给吉林大学设计校舍，另一个是为交通大学在辽宁锦州建立的分校设计楼宇。两人在这项工作中各有分工，徽因负责创意部分，并将创意画成草图，而梁思成则是将草图加以修订，并设计出可实施建设的全部方案。

那一年，张学良以奖金形式征集东北大学校徽图案，林徽因得知消息，也想试试。她靠着天生诗意般的才华与创意，设计出了"白山黑水"的图案。她的图案最终入选，获得了那笔奖金。

天知道，她在乎的并不是什么奖金，而是自己有没有做出贡献。

她的一生，看似为情所困，为情所累，其实情对于她来讲，到底不算什么。相比从梁启超身上学到的这股力量，那爱的力量还是太小了。这个女子，不妖不媚，风华绝代，踏实安稳，用双手一点点创造着自己热爱的事业。在民国这个百花齐放的年代，她不似张爱玲犀利，看透人世；不似陆小曼疯狂娇艳，活得只为自己；更不似张幼仪任劳任怨……但她一生的成就，依旧光鲜照人，

倾我所能去坚强

似乎无人可比。她就是她，她的品格、品位、品性……理应被世间男子追求。

那些男子说，我爱上了你，我要苦苦追求你。身为女子，又能如何？我们无法控制别人的心，更无法控制别人的嘴，但可以控制自己的心。假若真的爱了，动心了，也不过春梦一场，又何必当真。所谓流言蜚语，不过乱人心智，徒增烦恼罢了。若真在乎了，便不值得了。

第五章

诗意人生：原来，生活还可以这样

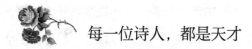 **每一位诗人，都是天才**

　　一花一世界，一叶一菩提。草木情深，世味煮成茶，只要你想写，总有写不完的动人诗篇。那花，那叶，那窗边的小草，再平凡的风景，在诗人的眼里也有风情。这花是她，那叶是你，我们来一场过家家般的游戏。戏里是人生，人生也如戏，花开见佛，一花一世界，一叶一菩提。

　　冬天很快过去了，徽因的身体好了不少，孕吐也消失了。夏天的时候，梁思成和林徽因邀请了在宾夕法尼亚大学的同学，一起来东北大学任教。昔日同学陈植、童寯、蔡方荫的到来，让林徽因的心情开朗了不少。因为有了同学的援助，他们在东北成立了"营造事务所"，这下子编教材以及建筑学上的实践，不再是徽因和梁思成两个人的事了。他们共同探讨，一同设计，徜徉在建筑艺术学问里。

倾我所能去坚强

1929 年 8 月，徽因和梁思成的第一个孩子出世了。这是一个女婴，他们给她起了一个小名叫"宝宝"，一想到她的大名，梁思成便难过起来。若是父亲梁启超在世，得知自己有了孙女，不知该多高兴。为了纪念父亲梁启超这位饮冰室老人，便给她起名为"再冰"。

孩子的到来，让林徽因既开心又痛苦。她开心的是，迎来了一个可爱的小生命，让她怎么看也看不够；痛苦的是，许是宝宝感受到了她曾经受到过巨大的悲痛，襁褓中的婴儿，常常受到惊吓。有时宝宝会做噩梦，从梦中哭醒；有时一点儿动静，便会吓得失了神，徽因十分难过，不知如何是好。

林徽因担心宝宝，整日也变得提心吊胆，加上她奶水不足，又得奶粉供养婴儿，不是热了就是凉了，总把她搞得疲惫不堪，没多久便再次病倒了。她这次生病，与以往发烧感冒不同，而是旧时肺病复发。医生建议徽因离开东北，回北京调养，思成只好不管徽因对同学的不舍，把她和宝宝送回了北京。

回到北京后，林徽因一下子闲了下来。当时徐志摩已是南京中央大学教授，和方令儒、方玮德、陈梦家共同创办了《诗刊》，并向林徽因邀稿，希望她与一些老朋友的文章，能够再次活跃诗界的气氛。

徐志摩的邀请，激发了徽因对于写诗的向往。这些年来，她一心致力于建筑学，早忘记了身体里诗歌的天分。如今，她有了

第五章

诗意人生：原来，生活还可以这样

宝宝，初为人母，与少女时期在心境上有了较大的不同。接到邀请后，徽因体内诗人的因子不安分地跳动了起来，没多久，她便写出了《那一晚》：

> 那一晚我的船推出了河心，
> 澄蓝的天上托着密密的星。
> 那一晚你的手牵着我的手，
> 迷惘的星夜封锁起重愁。
> 那一晚你和我分定了方向，
> 两人各认取个生活的模样。
> 到如今我的船仍然在海面飘，
> 细弱的桅杆常在风涛里摇。
> 到如今太阳只在我背后徘徊，
> 层层的阴影留守在我周围。
> 到如今我还记着那一晚的天，
> 星光、眼泪、白茫茫的江边！
> 到如今我还想念你岸上的耕种：
> 红花儿黄花儿朵朵生动。
>
> 那一天我希望要走到了顶层，
> 蜜一般酿出那记忆的滋润。

倾我所能去坚强

那一天我要跨上带羽翼的箭，

望着你花园里射一个满弦。

那一天你要听到鸟般的歌唱，

那便是我静候着你的赞赏。

那一天你要我看到零乱的花影，

那便是我私闯入当年的边境！

除了这一首《那一晚》外，林徽因还写了《"谁爱这不息的变幻"》，并以尺棰的笔名，发表在1931年4月的《诗刊》第二期上。

林徽因一直为了学问忙碌着，身体好的时候，忙碌教学和建筑研究，身体抱恙便写下一篇又一篇诗歌。此时她诗人的天分彻底被激发，一直到她去世，只要闲下来她总要构思写作。然而，她心心念念东北大学的学生，怕是要与他们告别了。

那段时期的东北，时局很不稳定。日本人贪婪地想要攻下那片属于中国的土地。而张学良管理学校教师的军阀作风，让梁思成不喜欢。1931年，思成结束了这一年的课程后，向东北大学递交了辞呈，回到北京。

刚刚回到北京，梁思成给他亲爱的学生们写了一封信。信中写出了对于学生的怀念和嘱托：

第五章

诗意人生：原来，生活还可以这样

诸君：

我在北平接到童先生和你们的信，知道你们就要毕业了……

我还记得你们头一张 wash plate（古典水墨渲染图），头一题图案，那时我们"筚路蓝缕，以启山林"的时代，那么有趣，那么辛苦。那时我的心情，正如看见一个小弟弟刚学会走路，在旁边扶持他、保护他、引导他、鼓励他，唯恐不周密……

现在你们毕业了，毕业二字的意义，很是深长。美国大学不叫毕业，而叫始业 Commencement，这句你们也许听了多遍，不必我再来解释，但是事实还是你们"始业"了，所以不得不郑重的提出一下。

你们的业是什么，你们的业就是建筑师的业，建筑师的业是什么，直接的说是建筑物之创造，为社会解决衣食住三者中住的问题；间接的说，是文化的记录者，是历史之反照镜，所以你们的问题是十分的繁难，你们责任是十分的重大。……

你们创造力产生的结果是什么，当然是"建筑"，不只是建筑，我们换一句话说，可以说是"文化的记录"——是历史。这又是我从前对你们屡次说厌了的话，又提起来，你们又要笑我说来说去都是这几句话，但是

倾我所能去坚强

我还是要你们记着，尤其是我在建筑史研究的立场上，觉得这一点是很重要的，几百年后你我或如转了几次轮回，你我的作品，也许还供后人对民国二十一年中国情形研究的资料，如同我们现在研究希腊罗马汉魏隋唐遗物一样。……

我以上所说的许多话，都是理论。而建筑这东西，并不如其他艺术，可以空谈玄理解决的，它与人生有密切的关系，处处与实用并行，不能相脱离。讲堂上的问题，我们无论如何使它实际问题相似，但到底只是假的，与真的事实不能完全相同，……必须在社会上服务，经过相当的岁月，得了相当的经验，你们的教育才算完成，所以现在也可以说，是你们的理论教育完毕，实际经验开始的时候。……

现在你们毕业了，你们东北大学第一班建筑学生，是"国产"建筑师的始祖，如一艘新舰行下水典礼，你们的责任是何等重要，你们的前程是何等的远大！林先生与我俩人，在此一同为你们道喜，遥祝你们努力，为中国建筑开一个新纪元！

民国廿年七月　梁思成

1930年底时，林徽因被检查出得了肺结核，思成在家照顾她。

第五章

诗意人生：原来，生活还可以这样

她的身体再次倒下，让她总是无端发火。那时，徐志摩经常去看林徽因，他十分难过，但又安慰不了病榻上的林徽因。有一次，梁思成送徐志摩出门时，梁思成说："她要到香山养病，可又舍不得孩子，我也不能陪她去，到底是该留在北京的家中还是该去沈阳上课呢？"

现在，梁思成回来了，他再也不用纠结该不该去沈阳了。对于徽因来说，她听到这个消息有点失落，她爱讲台，爱建筑，没人知道他们在东北大学到底付出了多少心血。不过，好在这些经验给他们将来创办清华大学建筑系打下了基础。

没多久，梁思成在"庚子赔款"基金会担任法式部主任，林徽因也被聘为学社的校理。他们再也不用奔波于沈阳与北京，徽因也不用因气候的原因而屡次回家休养了。

人生最大的痛苦，莫过于力不从心。许多人羡慕林徽因的生活，她总是穿一袭白睡袍，焚上一炷香，再插上几枝鲜花，在窗前低头写作。没人知道，她更希望自己像男人一样去实地考察，站在台上做先生。她恨着自己不争气的身体，若不是有诗，她怕是寂寞透了。

许是老天不肯放过她诗意的天分，想让她在文学上有所成就，才用生病的方式让她停下来吧。好在她不抱怨，回归家中还有诗歌，这也是一份事业，不是吗？

人的命运在变幻，事业在变幻，然而，她爱这样的变幻。

《"谁爱这不息的变幻"》：

······

虽说千万年在她掌握中操纵，

她不曾遗忘一丝毫发的卑微。

难怪她笑永恒是人们造的谎，

来抚慰恋爱的消失，死亡的痛。

但谁又能参透这幻化的轮回，

谁又大胆的爱过这伟大的变换？

不在琐碎家务里浪费时间

"你的昨天已死"，这是一个人人都知道的道理，也是人人都不知道的道理。人们知道的是这句话，但并没有明白其中含义。对于一个明白时间每天都在死去的人来说，他的每一天都会变得弥足珍贵，每一分每一秒都渴望更具意义。当书本和知识成为"头脑保健操"，这种"舒展"的姿势无论做多少次也不会让你的生活发生改变，唯有知行合一才能改变人生。

1931 年夏天，林徽因在香山静养。梁思成怕她寂寞，从徽因的老家，把母亲接了过来，一家人在一起，宝宝也得到了照应。在香山养病的林徽因，并没有真正安静下来，她身体好的时候，就坐在书桌前研究建筑学。那时，梁思成在学社工作，他把家里的藏书搬到了香山，和徽因一起做着类似考据的工作。

对于大多数女人而言，一旦有了孩子，便将全部心思都放到

倾我所能去坚强

了家庭上。可对于林徽因来说,她讨厌家务,讨厌在家务里浪费时间。梁从诫在回忆母亲时说:"母亲不爱做家务事,曾在一封信中抱怨说,这些琐事使她觉得浪费了宝贵的生命,而耽误了本应做的一点对于他人,对于读者更有价值的事情……"

年少时,林徽因喜欢读书,想做一个出色的女子,她把大部分时间交给了书本;长大后,她经历了父亲和公公的意外身亡,更加懂得时间不等人。许多人说,不要在年轻时用命赚钱,老了再用钱买命。惜命固然重要,当所有人都持这样一种人生态度时,社会还会进步吗?林徽因"不惜命",惜时间,她不想赚钱,更想做有价值的事。

1931年,林徽因与梁思成在北平

第五章

诗意人生：原来，生活还可以这样

　　林徽因身体好点儿，便低头读书或写作，梁思成认为这样不利于身体恢复，有时就带她出门走走。北京西郊西山一带，有许多古代建筑。这些建筑远至辽金，近则建于明清时期。因为都在香山附近，那段时间他和林徽因一起走访古代建筑，为这些建筑画平面图，进行测量。林徽因动静结合，身体也慢慢好起来。她和梁思成越走越远，有时会去北京其他地方去勘测，回来后就将这些研究，写成了一篇篇关于建筑的文章。她在《平郊建筑杂录》这篇文章里写道："这些美的所在，在建筑审美者的眼里，都能引起特异的感觉，在'诗意'和'画意'之外，还使他感到一种'建筑意'的愉快……

　　"无论那一个巍峨的古城楼，或一角倾颓的殿基的灵魂里，无形中都在诉说，乃至于歌唱，时间上漫不可信的变迁；由温雅的儿女佳话，到流血成渠的杀戮。他们所给的'意'的确是'诗'与'画'的。但建筑师要郑重郑重的声明，那里面还有超出这'诗''画'以外的意存在。眼睛在接触人的智力和生活所产生的一个结构，在光影恰恰可人中，和谐的轮廓，披着风露所赐予的层层生动的色彩；潜意识里更有'眼看他起高楼，眼看他楼塌了'凭吊兴衰的感慨；偶然更发现一片，只要一片，极精致的雕纹，一位不知名匠师的手笔，请问那时锐感，即不叫做'建筑意'，我们也得要临时给他制造个同样狂妄的名词，是不？"

　　林徽因写诗、写小说、写论文，去现场勘测，无论何时从来

倾我所能去坚强

不闲着。萧乾后来评价林徽因的作品时说："她又写，又编，又评，我甚至觉得她是京派的灵魂。哪怕是著名的大文学家也在读了林徽因的诗歌后忍不住赞美几句。"

1931年夏天，林徽因在小说方面有了突破。她的第一部小说《窘》发表在《新月》三卷九期上。在这篇作品里，她塑造了一个独自生活的教授，写出了他的尴尬与窘态。她情感细腻，文字带着诗意，再一次向读者证明了她在文学方面的修养与才华。同年9月，她在《新月诗选》上发表了她的诗歌《笑》：

> 笑的是她的眼睛，口唇，
>
> 和唇边浑圆的漩涡。
>
> 艳丽如同露珠，
>
> 朵朵的笑向
>
> 贝齿和闪光里躲。
>
> 那是笑——神的笑，美的笑：
>
> 水的映影，风的轻歌。
>
>
> 笑的是她惺忪的鬈发，
>
> 散乱的挨着她的耳朵。
>
> 轻软如同花影，
>
> 痒痒的甜蜜

第五章

诗意人生：原来，生活还可以这样

涌进了你的心窝。

那是笑——诗的笑，画的笑，

云的留痕，浪的柔波。

    林徽因忙碌着，工作着，诗意般幻想着。她在与时间赛跑，试图争得过时间，想再为自己多争取一分一秒。1955 年，林徽因去世后，清华的老友金岳霖、张奚若、沈从文等回忆起林徽因，纷纷责怪梁思成没有照顾好徽因的身体。他和她一心追求自己的事业，让她一辈子在古建筑群中劳累奔波，因此错过了最佳治疗和休养的机会。

    对此，梁思成说："我们都没有后悔，那个时候我们急急忙忙地向前走，很少回顾。今天我仍然没有后悔，只是有时想起徽因所受的折磨，心痛得难受。"与时间赛跑，为追求事业而拖垮身体，她和思成并没有后悔。假如可以重新来过，怕是徽因仍然会坚持做最喜欢的事业，而不是交给安逸与享乐。因为这样的人生，对于她来讲毫无意义，她宁可过更有意义的人生。

    后来，林徽因和梁思成生活极苦，由富家子弟变成了贫贱夫妻，即使如此，林徽因从来没有抱怨过生活的不如意。在艰苦的岁月里，她依然不肯向现实低头，不肯在琐碎的光阴里浪费时间，把时间都交付给了事业。

    金岳霖见到林徽因时，说她："一捧书，一袭长裙，一炷熏香，面容清秀，朱颜皓齿，如一朵浸染着清淡幽香的莲花。"这大抵也是后人对于林徽因的印象吧，认为她是一位富家小女，过着娴静舒适的生活。事实上没人知道，这样娴雅生活的背后，是对于事业的执着。

金岳霖说她似莲，可她确实是一株野百合。她一边承受着命运的风吹雨打，一边又不肯向生活低头，依然洁白如初，美得优雅。

没人能随随便便成功，更没人能穿上睡裙、点上熏香、读一本书，就变成林徽因。但有了林徽因刻苦的精神，有了她的人生境界，即使达不到她这样的成就，至少也能成就不凡的自己。

诗意人生：原来，生活还可以这样

疗养时的诗人时光

王维在诗中说："行到水穷处，坐看云起时。"人生似一张弓，总要有张有弛，一直张着，便再不能射箭；一直松弛，箭也不能射向目标。人生也如同打拳，拳头收回来是为了更好地打出去。人生有时也如诗人信步漫游，走到水的尽头，再无风景可看时，抬头看看风云变幻，也是不错的选择。

林徽因病了，她患了严重的肺结核。在疗养期间，无数朋友纷纷探望她。与朋友交流、闲聊，成了林徽因的休息生活。那段时间，金岳霖、沈从文、张歆海、张奚若经常来看她。而探望次数最多的一个人是徐志摩。每次朋友到来，林徽因都会很开心，觉得找到了知音。那时，她开始写诗，见到朋友便会向朋友讲自己创作的诗歌，然后，把新写的小诗朗诵给朋友听，比如这首《一首桃花》：

倾我所能去坚强

桃花，

那一树的嫣红，

像是春说的一句话：

朵朵露凝的娇艳，

是一些

玲珑的字眼，

一瓣瓣的光致，

又是些

柔的匀的吐息；

含着笑，

在有意无意间，

生姿的顾盼。

看，——

那一颤动在微风里，

她又留下，淡淡的，

在三月的薄唇边，

一瞥，

一瞥多情的痕迹！

林徽因这首小诗，得到了朋友们的赞扬，徐志摩说："佳句
天成，妙手得之，是自然与心灵的契合，又总能让人读出人生的

第五章

诗意人生：原来，生活还可以这样

况味。"得到褒奖的林徽因自然很开心，一时间她忘记了病痛，决心创作更多的作品。

1931年上半年，徐志摩频繁出入林徽因家。那时，他与陆小曼结婚多年，在生计上总是入不敷出。陆小曼天生体质娇弱，性情浪漫，爱打扮，爱排场，徐志摩奋力赚钱讨生活，却总是没办法满足她的需求。有好几次，徐志摩甚至向张幼仪伸手，希望前妻能接济他的生活。徐志摩这些年过得像是为现实奔波的陀螺，他在北京三所大学授课，业余时间发表诗文，甚至为了提成，在熟人之间做房屋买卖的中介工作。即使这样，仍不能维持陆小曼的开销，他在寄往上海的信中，屡次恳请陆小曼生活节俭。

爱情的浪漫一旦多了现实，诗人的外衣也褪去了。陆小曼常常对他抱怨生活的不如意，他也因陆小曼的性情而烦恼。当他再次见到林徽因，便总是往她这里跑。他向她讲述生活的苦闷，婚姻的烦恼，诗歌创作上的枯竭。他说："这几年生活不仅是极平凡，简直到了枯窘的深处。跟着，诗的产量也尽向瘦小里耗……"

林徽因这个时期，诗意大发，婚姻美满，无法对徐志摩的哭诉产生共鸣。她只能安慰着他，宽慰着他的心。在跟徽因一次又一次闲聊中，徐志摩发现林徽因成熟了，她再也不是康桥上梳着两条辫子，满眼天真的小姑娘了。她如今是一个成熟，识大体，又懂得安慰人的温柔女性。

在短短的休养时间里，林徽因写了《"谁爱这不息的变幻"》

倾我所能去坚强

《那一晚》《笑》《深夜里听到乐声》《情愿》《仍然》《激昂》《中夜钟声》《一首桃花》《莲灯》等诗作。她的诗人光辉在这个时间段内绽放，得到了徐志摩的再次赏识。

这是她创作诗歌、小说最多的一年。她的诗，不仅写情感，还写对于生活的热爱。她的诗融音乐、绘画、建筑于一体，创造出了独特的美。山中生活清幽安静，让她总是诗兴大发。表弟林宣在回忆中说，她很会为自己营造氛围，创造诗意般的环境。她焚香，读书，穿白裙，将生活过成了诗意般的美好。

6月12日，林徽因一连发烧十天，整个人显得疲乏不堪。她精神好一些便笔耕不辍，从不爱惜自己，非把自己折磨得不像样子。徐志摩、罗隆基、凌叔华、沈从文来香山看她，她刚刚养好的身体，因病变得非常疲乏。看到大家来探望，她非常高兴，在病榻上讲着新诗，与他们探讨着新诗的创作。朋友劝她好好休息，只有身体好了才能做更多有意义的事，林徽因点头答应了。

对于自己的身体，林徽因不是没发过疯，她也常常叹息，为什么她有一个如此娇弱的身体。可是，既来之，则安之，她只能在与病魔斗争之余，做着创造事业的事。不仅对于创作如此，对于建筑她也呕心沥血。后来，她与梁思成为了寻访古代建筑，长年奔走于穷乡僻壤，被肮脏的小旅店里的跳蚤咬得满身包。乡下的狂风吹着她娇嫩的皮肤，简单不卫生的食物损害着她的身体，她从不把自己当作大小姐，从不娇生惯养。她在用脚步和生命一点点梳理着中国建筑发展的脉络。

　　曾与林徽因和梁思成一起参与野外考察的莫宗江说："梁公总是身先士卒，吃苦耐劳，什么地方有危险，他总是自己先上去。这种勇敢精神已经感人至深，更可贵的是林先生，看上去那么弱不禁风的女子，但是爬梁上柱，凡是男子能爬上去的地方，她就准能上得去。"即使舟车劳顿，辛苦万千，她回到家中还是不分昼夜地描图、撰稿。

　　正是林徽因身体常常生病，她才有休息的机会。假如她健健康康，怕是一生都将行走在路上，片刻不得安宁了。若是如此，她诗人般的天分不会被发掘出来，更不会为中国文学界添上一笔动人的色彩。所以，祸兮福所倚，福兮祸所伏，凡事没有绝对的好坏，只看站在哪个角度去评价了。

　　世间哪个女子不爱美呢？林徽因爱美，在诗里爱着娇柔的自己；她也不爱美，在山野里活成了糙汉子。可是，她不在乎，知道这是必要的牺牲。她不矫揉、不造作，这种献身的热情，世间大多数男人也难以企及。

倾我所能去坚强

呵，是老金

　　有人说，人的一生中会遇到三个人：一个暗生情愫，互相喜欢；一个适逢知己，恰似少年；一个相濡以沫，执手到老。我们每天都在接触陌生人，结交新朋友，谁也无法保证，下一人是不是那个值得倾慕的人。作为一个女子，遇到一位有才华、英俊潇洒、对自己又格外上心的男子，我们很难不为之产生好感。可是，那一定是爱吗？或许是一种情，或许只是对那份好的一种感动。不管怎样，林徽因的生命里确实有三个男人，一个是梁思成，一个是徐志摩，另一个则是金岳霖。如果说，林徽因与徐志摩是暗生情愫，彼此喜欢，那她与老金，则更像是适逢知己，恰似少年。

　　林徽因的身体痊愈后，从香山的别墅搬到了北总布胡同3号，这是一座典型的北京四合院。这套院子坐北朝南，庭院宽大，青砖灰瓦，屋檐雕刻十分精致。屋内陈列的是徽因和思成从旧货家

诗意人生：原来，生活还可以这样

具市场精挑细选的实木家具。

在这里，林徽因和梁思成展开了关于营造学社的工作。这项工作庞杂而琐碎，需要一点点去梳理。中国古代的建筑历史，从建筑施工技术到方法样式，每一段历史都不相同，他们必须根据其年代及其价值给予定位。林徽因帮助思成查资料，绘图摄影，并大量翻阅历史典籍，从历史的只言片语

1930年代，林徽因在北平北总布胡同家中

中寻找点滴线索。他们一点点梳理着，有了一丝眉目，思成便去外地考察、测绘，留林徽因一人在家中。

林徽因身体羸弱，每次梁思成出门总是不放心，于是便拜托后院的老金照顾徽因。金岳霖和梁家住在一个院子里。梁思成和徽因住前面的大院子，老金住在后面的小院子里，不过前后院又各自单门独户。徽因嫌去老金家太过麻烦，有事找他时，便会站在前院的屋顶上叫他。那时，林徽因和思成出去探测过，攀缘、上房更是习以为常的事。不过，老金看到徽因站在屋顶上，还是吓到了，慌忙叫她赶紧下来。

这一幕深深地刻在了老金的脑海里，再见林徽因时，他说："我

倾我所能去坚强

送你们一副对联——上联是'梁上是君子'，下联是'林下是美人'。"

这副对联里既嵌入了梁思成和林徽因的姓，同时又把两个的特性表达了出来。梁思成听完十分高兴，他说："我就是要做'梁上君子'，否则我怎么能打开新的研究路径，不还得纸上谈兵吗？"老金听完很得意，正想问徽因是否满意时，徽因摇了摇头说："真讨厌，什么美人不美人的，好像一个女人就没有什么事可做，好像只配做摆设似的！"

林徽因一句话，老金红了脸。在他眼里，她便是那《红楼梦》里的林妹妹，她多情、有才华，又身体瘦弱，他形容得明明没错呀。可是，在林徽因看来，她更想做一个事业有成，有能力的女人。世间哪位女子被男子欣赏不开心呢？然而林徽因却有点恼怒了。这个不一样的女子，让老金有点刮目相看。

他喜欢她对于建筑的痴迷，喜欢她在诗歌上的灵性与才华，更欣赏她风华绝代的风姿。不知从什么时候开始，老金对林徽因的感情刹不住了。

因为心里有了情，便对她的饮食起居更加关心起来，于是就走得近了些。老金精通英文，是哲学家，擅长逻辑学，同时对中国传统文化也有着很深的研究。他酷爱京剧，自己也唱得近乎专业，他对中国山水画有着较高的鉴赏力，有时还会像个孩子一样喜欢斗蛐蛐。讲到这段往事，金岳霖在《最亲密的朋友梁思成、林徽因》中说："梁思成、林徽因是我最亲密的朋友。从1932年到1937年夏，

第五章

诗意人生：原来，生活还可以这样

我们住在北总布胡同，他们住前院，大院；我住后院，小院。前后院都单门独户。30 年代，一些朋友每个星期六有集会，这些集会都是在我的小院里进行的。……除早饭在我自己家吃外，我的中饭、晚饭大都搬到前院和梁家一起吃。这样的生活维持到'七七事变'为止。"

林徽因和金岳霖的感情，随着时间推移在一天天地升温。他不似徐志摩诗意，也不似梁思成古板，他是温情又绅士的男子。他懂得照顾她，体贴她，让她不知不觉深陷其中。在金岳霖眼里："她激情无限、创造力无限，她的诗意（不仅仅是她能写诗歌）、她敏锐的感受力和鉴赏力，总之，人所渴求的她应有尽有，除却学究气。看看徽因是多么丰富多彩，而可怜的我！如此苍白……"

在徽因眼里，她一直权衡着生活与情感，她希望自己一再冷静分析，便给沈从文这位"二哥"写信，诉说自己对于情感的感受：

> ……我的主义是要生活，没有情感的生活简直是死！生活必须体验丰富的情感，把自己变成丰富，宽大能优容，能了解，能同情种种"人性"，能懂得自己，不苛责自己，也不苛责旁人，不难自己以所不能，也不难别人所不能，更不怨运命或是上帝，看清了世界本是各种人性混合做成的纠纷，人性又就是那么一回事，脱不掉生理，心理，环境习惯先天特质的凑合！把道德放大了讲，别裁判或

倾我所能去坚强

裁削自己。任性到损害旁人时如果你不忍，你就根本办不到任性的事。（如果你办得到，那你那种残忍，便是你自己性格里的一点特性，也用不着过分的去纠正。）想做的事太多，并且互相冲突时，拣最想做——想做到顾不得旁的牺牲——的事做，未做时心中发生纠纷是免不了的，做后最用不着后悔，因为你既会去做，那桩事便一定是不可免的，别尽着罪过自己。

我方才说到极端的愉快，灵质的，透明的，美丽的快乐，不知道你有否同一样感觉。我的确有过，我不忘却我的幸福。我认为最愉快的事都是一闪亮的，在一段较短的时间内迸出神奇的——如同两个人透彻的了解：一句话打到你心里，使得你理智和感情全觉到一万万分满足；如同相爱：在一个时候里，你同你自身以外的另一个人互相以彼此存在为极端的幸福；如同恋爱，在那时那刻眼所见，耳所听，心所触无所不是美丽，情感如诗歌自然的流动，如花香那样不知其所以。这些种种便都是一生中不可多得的瑰宝。世界上没有多少人有那机会，且没有多少人有那种天赋的敏感和柔情来尝味那经验，所以就有那种机会也无用。……在夫妇中间为着相爱纠纷自然痛苦，不过那种痛苦也是夹着极端丰富的幸福在内的。冷漠不关心的夫妇结合才是真正的悲剧！

第五章

诗意人生：原来，生活还可以这样

如果在"横溢情感"和"僵死麻木的无情感"中叫我来拣一个，我毫无问题要拣上面的一个，不管是为我自己还是为别人。人活着的意义基本的是在能体验情感。能体验情感还得有智慧有思想来分别了解那情感——自己或别人的！……

老金和徽因情愫暗生，她越来越觉得这样对梁思成太不公平。她苦恼极了，便向梁思成坦白，问他怎么办。梁思成在回忆当年往事说："我们住在总布胡同的时候，老金就住在我们家后院，但另有旁门出入。可能是在1931年，我从宝坻调查回来，徽因见到我哭丧着脸说，她苦恼极了，因为她同时爱上了两个人，不知怎么办才好。她和我谈话时一点也不像妻子对丈夫谈话，却像个小妹妹在请哥哥拿主意。听到这事我半天说不出话，一种无法形容的痛苦紧紧地抓住了我，我感到血液也凝固了，连呼吸都困难。

"但我感谢徽因，她没有把我当成一个傻丈夫，她对我是坦白和信任的。我想了一夜该怎么办？我问自己，徽因到底和我幸福还是和老金一起幸福？我把自己、老金和徽因三个人反复放在天平上衡量。

"我觉得尽管自己在文学艺术各方面有一定的修养，但我缺少老金那哲学家的头脑，我认为自己不如老金，于是第二天，我把想了一夜的结论告诉徽因。我说她是自由的，如果她选择了老金，祝愿他们永远幸福。我们都哭了。"

徽因把思成考虑后的结果告诉了老金，老金听完回答她说："看来思成是真正爱你的，我不能去伤害一个真正爱你的人。我应该退出。"

这件事发生之后，三个人依然是好朋友，像是这段情事从没发生过一样。后来，梁思成和林徽因吵架或争论不休时，还会让老金来当裁判。林徽因活着的时候，他"择林而居"，林徽因去世时，他在林徽因的挽联上写道："一身诗意千寻瀑，万古人间四月天。"林徽因去世多年后，老金还总是无法忘记她。

汪曾祺在《金岳霖先生》这篇文章中写到这样一个故事，林徽因死后多年，有一天金先生在北京饭店请客，老朋友们收到通知后纳闷他为什么请客。到了之后，金先生向老友们宣布："今天是徽因的生日。"

徐志摩尽管爱上了林徽因，最终还是娶了陆小曼；梁思成尽管爱林徽因，最终还是娶了林洙；金岳霖尽管爱上了林徽因，却把她让给了最爱她的梁思成，最后，他终身未娶，对林徽因痴情了一辈子。

有人常常把爱挂在嘴边，最终却背叛了爱情；有人一辈子不轻易谈爱，却爱了一个人一生。爱情向来不是甜言蜜语，海誓山盟，而是一旦爱上一个人，不管你在哪里，身边有了怎样的人，他都愿看着你幸福，微笑着过一生。你累了，他叫你停下；你哭了，他帮你擦拭眼泪；你走了，他默默地把你放在心里……

第五章

诗意人生：原来，生活还可以这样

　　相爱的人总相负，相聚的人总相离，若是此生爱了，也是幸福的。无须表白，无须日夜厮守，默默地放在心里就好。守着这份爱，也就守住了一生。

太太的客厅

人世百年，孤寂漫长，若能寻得三五知己，这万千时光也活泼了。人是群居动物，总希望人多一点，再热闹一点，才能让人生变得饱满。多年前，阿桑唱："孤单是一个人的狂欢，狂欢是一群人的孤单。"其实，人并不喜欢狂欢，也不渴望结交那么多朋友，重要的是有知己，赏心只有两三枝，便足矣。

北总布胡同院子里的春光换了一季又一季，花开了落，落了开，无论春夏秋冬，都没影响梁金两家屋内的聚会。林徽因的家庭聚会，表面上是大家聚集在一起闲聊，实则是一场真正的知识分子间的沙龙会议。每个星期六，经济学家陈岱孙、物理学家周培源、考古学家李济，作家胡适、沈从文和萧乾等便会聚集在一起，一起谈论文学、人生和时局。

萧乾是记者、翻译家、文学家，他曾多次拜读林徽因发表在《新

诗意人生：原来，生活还可以这样

月》和《大公报》上的文章。当他第一次跟沈从文去徽因家时，心里有几分忐忑。徽因见到萧乾，热情地招待了他，随后便对萧乾说："你的《蚕》我读了几遍，刚写小说就能有这样的成绩已经很了不起了，我看你的小说的语言描写和色彩很有唯美主义。"之后，徽因当着大家的面儿背诵了这部小说里的片段，让萧乾惊讶不已。他从来没想过，林小姐认真读过自己的小说，并且读得这么认真。

他在文章《一代才女林徽因》里描述了当时徽因在聚会上的样子："她说起话来，别人几乎插不上嘴。别说沈先生和我，就连梁思成和金岳霖也只是坐在沙发上吧嗒着烟斗，连连点头称赏。徽因的健谈，绝不是结了婚的妇人那种闲言碎语，而常是有学识，有见地，犀利敏捷的批评……她从不拐弯抹角、模棱两可。这种纯学术的批评，也从来没有人记仇。我常常折服于徽因过人的艺术悟性。"

关于文化人的聚会，林徽因的女儿梁再冰也记忆深刻："这时我家住在东城北总布胡同三号，这也是我记忆中的第一个家。这是一个租来的两进小四合院，两个院子之间有廊子，正中有一个'垂花门'，院中有高大的马缨花和散发着幽香的丁香树。父亲和母亲都非常喜欢这个房子。他们有很多好朋友，每到周末，许多伯伯和阿姨们来到我家聚会。这些伯伯们大都是清华和北大的教授们，曾留学欧美，回国后，分别成为自己学科的带头人，各自在不同的学术领域中做着开拓性和奠基性的工作，例如：张

倾我所能去坚强

奚若和钱端升伯伯在政治学方面，金岳霖伯伯在逻辑学方面，陈岱孙伯伯在经济学方面，周培源伯伯在物理学方面，等等……在他们的朋友中也有文艺界人士，如作家沈从文伯伯等。这些知识分子研究和创作的领域虽不相同，但研究和创作的严肃态度和进取精神相似，爱国精神和民族自豪感也相似，因此彼此之间有很多共同语言。由于各自处于不同的文化领域，涉及的面和层次比较广、深，思想的融会交流有利于共同的视野开阔，真诚的友谊更带来了精神力量。我当时不懂大人们谈话的内容，但可以感受到他们聚会时的友谊和愉快。"

在这个沙龙聚会中，林徽因一直是当仁不让的主角，她是聚会的主持者，也是聚会的灵魂人物。参与聚会的各界人士，在徽因的带领下，总能畅所欲言，积极地发表着彼此的看法。他们或批评，或蔑视，或愤怒……只要涉及人文关怀，涉及艺术探讨，什么情绪都能得到包容。林徽因在北京文化界越来越有名气，引来众多来访者，他们不是为她的美貌而来，主要是想听一听她的看法，他们被她的学识、智慧和洞察力所感染。

当时，除了林徽因家外，朱光潜、梁宗岱也创办了类似于"读诗会"的沙龙。林徽因也常去参加他们的读诗会。经常参加的人有冯至、朱自清、冰心、凌叔华、卞之琳、何其芳等人。这个文化沙龙由朱光潜负责，每个月聚会一次，大家可以畅所欲言，发表各自的看法，如果意见不同，可以彼此一直讨论下去。

有一次，梁宗岱在读诗会上朗诵了一首自己翻译的瓦雷里的诗——《水仙辞》。这是他最喜欢的一首诗，然而林徽因却看法不同。为了讨论这首诗，两人争论得面红耳赤。坐在一旁的萧乾问沈从文："他们吵得这么凶，怎么没人劝劝？"沈从文无所谓地说："在这儿争吵很正常，你不用管他们，让他们尽兴吵，越热闹越好。"

几轮争吵过后，林徽因似乎有些累了，她坐下来，发表了最后的看法："每个诗人都可以从日出日落中受启发，那是心灵的一种颤动。梁诗人说过，诗人要到自然中去，到爱人的怀抱里去，到你自己的灵魂里去，如果你觉得有三头六臂，就一起去。只是别钻象征的牛角尖儿。"梁宗岱听完哈哈大笑，众人也笑了，然而笑得最洪亮的人是林徽因。

如果朱光潜的沙龙叫"读诗会"，别人则把林徽因家里的聚会叫作"太太的客厅"。《太太的客厅》是冰心的一篇小说，小说中"我们太太"是一个被男人环绕，爱出风头，工于心计的女人。这位女人，总是能轻易地将男人"玩弄"于股掌之间。萧乾认为，冰心这篇文章的原型是林徽因，而故事里的男人，正巧也有哲学家、画家、科学家等，让人很难不一一对号入座。

晚年的冰心在接受采访时，解释了这个误会："《太太的客厅》那篇，萧乾认为写的是林徽因，其实（原型）是陆小曼。"冰心举了一个例子："小说描写'客厅里挂的全是她（陆小曼）的照片'。"

有些女子太过优秀，总会招来嫉妒。其实，计较流言蜚语是

倾我所能去坚强

没用的，因为纵然有无数张嘴，人的时间和精力终究有限。最好的办法是交给时间。正如林徽因被夸赞美人时，她略带怒气地说："……什么美人不美人的，好像一个女人就没有什么事可做，好像只配做摆设似的！"她不想做摆设，她也不想被称为美人，她想做的是建筑学家，是诗人和作家。她用才华和脚步证明着自己，这就够了。

著名画家齐白石是木匠出身，有一位自称有书卷气的人贬低他的画。齐白石听到后，说："我明知他的话是针对着我说的。文人相轻，是古今通例，这位自称有书卷气的人，画得本极平常，只靠他的科名，卖弄身份。我认识的科甲中人，也很不少，像他这样的人，并不觉得物稀为贵。况且画好不好，诗通不通，谁比谁高明，百年后世，自有公评，何必争此一日长短，显得气度不广。"

关于诗歌，关于创作与文学，关于建筑，林徽因争，她一定要争短长，这是为了发展，为了创作出更多好作品。关于误会，她不争，这是她的气度，因为人最终要靠实力说话。

百年后世，自有公评，你看，冰心就帮着澄清了。

诗意人生：原来，生活还可以这样

　你是人间的四月天

　　每个女子都有自己的花期，时间一到仿佛是人间最美的四月天，一夜之间，那花全都开了。有的女子，如春，灿烂一季；有的女子，时光仿佛从未流转，一直活在春天里。岁月泛黄，时光雕刻着世间万物，那一道道伤痕，都是岁月留下的痕迹。然而，有些女子终究不信时光流年，在她看来，人生一世，便灿烂一世。

　　林徽因去世后，金岳霖在她的挽联上写："一身诗意千寻瀑，万古人间四月天。"在老金看来，林徽因是一个活在春天里的女子，她的一生宛如人间四月，轰轰烈烈，如燕呢喃。人间四月，形容女子再贴切不过了，试问，世间哪位女子不渴望美似四月天呢？不过，对于林徽因来说，最美的人间四月天，是她的儿子梁从诫。

　　1932 年 8 月，林徽因和梁思成的第二个孩子出世了，他们给她起名为梁从诫。一是纪念宋代建筑学家、《营造法式》的作者李诫，

倾我所能去坚强

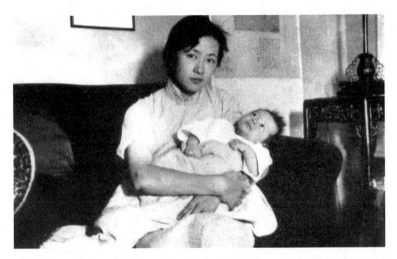

林徽因怀抱儿子梁从诫

二是希望这个孩子能子承父业，也成为一名出色的建筑学家。这是他们的第一个儿子，林徽因欢喜得不得了。她不是第一次做母亲，却对这个孩子格外喜爱。那时，徐志摩去世不久，孩子的到来给了她莫大的喜悦，让她的脸上再一次有了笑容。林徽因诗人般的天分再一次在她体内激发，她一直想为这新生的孩子写首诗，然后便有了最为经典的这首《你是人间的四月天》：

> 我说你是人间的四月天；
>
> 笑响点亮了四面风；轻灵
>
> 在春的光艳中交舞着变。

第五章

诗意人生：原来，生活还可以这样

你是四月早天里的云烟，

黄昏吹着风的软，星子

在无意中闪，细雨点洒在花前。

那轻，那娉婷，你是，鲜妍

百花的冠冕你戴着，你是

天真，庄严，你是夜夜的月圆。

雪化后那片鹅黄，你像；新鲜

初放芽的绿，你是；柔嫩喜悦

水光浮动着你梦期待中白莲。

你是一树一树的花开，是燕

在梁间呢喃，——你是爱，是暖，

是希望，你是人间的四月天！

这首诗发表在1934年的《学文》一卷一期上，引起了人们的广泛关注。关于这首诗，有人说是为了悼念徐志摩，有人说是为了儿子的出生而作，以表达她对于儿子的希望，以及他的出生带来的喜悦。梁从诫在《倏忽人间四月天》中说："父亲曾告诉我，《你是人间的四月天》是母亲在我出生后的喜悦中为我而作的，

倾我所能去坚强

但母亲自己从未对我说起过这件事。"

林徽因爱她的家庭，也爱她的孩子。她读书、查资料、写诗、去外地考察古代建筑，把大部分时间交给了有价值的事。不过，对于孩子的教育她也十分重视。她培养孩子的文学修养，给他们讲故事，花尽可能多的时间陪孩子。梁从诫回忆起母亲，说道："她的诗本来讲求韵律，由她自己读出，那声音真是如歌。她也常常读古诗词，并讲给我们听，印象最深的，是她在教我读到杜甫和陆游的'剑外忽传收蓟北''家祭无忘告乃翁'，以及'可怜小儿女，未解忆长安'等名句时那悲愤、忧愁的神情。"

家里多了一个孩子，家务事的繁重再一次落到了她的头上。虽然家里有七八个仆人，但管理仆人、应酬家人也占据了她大量的时间。梁家人口众多，梁思成又是家中长子，每次弟弟妹妹们来家中借宿，家务事便落到了徽因的头上。家中人数最多时，达到过十七人，让她那座小院子实在拥挤不堪。为了节省空间，她专门设计了一张床铺图，并在每张床上标注了名字，这样便再也不会出错。她照顾家人的饮食起居，并亲自准备茶点，尽着长嫂的责任。她对费慰梅说："当我在做那些家务琐事的时候，总是觉得很悲凉，因为我冷落了某个地方某些我虽不认识，对于我却更有意义和重要的人们。这样我总是匆匆干完手头的活，以便回去同别人'谈话'，并常常因为手上的活老干不完，或老是不断增加而变得很不耐烦。这样我就总是不善于家务，因为我总是心

诗意人生：原来，生活还可以这样

不在焉，心里诅咒手头的话（尽管我也可以从中取乐并且干得非常出色）。另一方面，如果我真的在写作或做类似的事，而同时意识到我正在忽视自己的家，便一点也不感到内疚，事实上我会觉得快乐和明智，因为做了更值得做的事。只有在我的孩子看来生了病或体重减轻时我才会感到不安，半夜醒来会想，我这么做究竟是对还是不对。"梁思成知道她不愿意将时间浪费在家务上，所以她的付出，他都看在眼里。梁思成说："我不能不感谢林徽因，她以伟大的自我牺牲来支持我。"

林徽因不仅在家庭里做着牺牲，在事业上也做着牺牲。人到中年时一贫如洗、疾病缠身，当有人让他们夫妻二人离开祖国时，他们却拒绝了。李健吾曾这样评价抗战期间的林徽因："她是林长民的女公子，梁启超的儿媳。其后，美国聘请他们夫妻去讲学，他们拒绝了，理由是应该留在祖国吃苦。"

林徽因的成就与才华，是有目共睹的，但她的民族气节却是被忽略的。梁启超的谆谆教诲，他们用实际行动做到了。年少时，梁启超是他们的人生导师，后来，他们自己是自己的导师。林徽因是一个真正的君子，她爱上了金岳霖就大胆承认，不做暗中苟且之事；她悼念志摩，就发表文章，不在心里弯弯绕；她见到古董建筑保不住，拼死也要站起来指着市长的鼻子骂……

金岳霖在《最亲密的朋友梁思成、林徽因》中写道："我当时的生活，到了下半天也是'打发日子'的生活。梁思成、林徽

倾我所能去坚强

因的生活从来不是'打发日子'的生活，对于他们，日子总是不够用的。"

因为珍惜时间，她的生命大放异彩。别人有春夏秋冬，她只有人间最美的四月天。四月天美吗？是美的吧，不信你看那一树一树的花开呀。可是，她的春天是痛的，是悲凉的。她用尽生命去绽放，不留给自己夏的长，秋的收，冬的藏……她从一出生，就如同一支箭射了出去，从此再也没有收，也没有藏，她勇往直前，直至生命的最后一刻。

然而，还是愿意看到徽因坐在马缨花树下，闻着丁香的幽香，静静地读一首她新写的小诗——《题剔空菩提叶》：

认得这透明体，

智慧的叶子掉在人间？

消沉，慈净——

那一天一闪冷焰，

一叶无声的坠地，

仅证明了智慧寂寞

孤零的终会死在风前！

昨天又昨天，美

还逃不出时间的威严；

相信这里睡眠着最美丽的

骸骨，一丝魂魄月边留念，——

…………

菩提树下清荫则是去年！

第六章

故人离去：志摩，你带走了我大半生

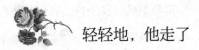

轻轻地，他走了

　　如果有人一生都活在人间四月天，那么就有人似一团火，终生在燃烧。一个人把自己比喻成什么，往往也注定了同样的结局；一个人眼睛里看到了什么，也注定了他有着怎样的人生。人们常说，人的命，天注定。但有时候，命运通常掌握在自己手里。是我们的渴望，种了因，因又产生了果。佛说，这是业力和种性；人说，这是逃不脱的命运。徐志摩把自己比喻为火，一直在燃烧着自己。如今，那火燃烧已尽，只剩下一地冰凉。

　　1931 年，对于林徽因来说，是特别的一年。她在山上静养，身体明显好转，这年 9 月，梁思成和林徽因应朱启钤聘请，到中国营造社供职。梁思成任法式部主任，她任校理。对于重拾旧业的林徽因来说，这真是天大的喜事，徐志摩也为她高兴。望着梁林夫妇的夫唱妇随，徐志摩常常感慨他们的恩爱。

倾我所能去坚强

那时，徐志摩应胡适邀请，在北京大学担任教授，并兼任北京女子师范大学教授。徐志摩要求陆小曼来北京，她却执意留在上海。为此，徐志摩不得不往返北京上海两地。为了节约时间，节省费用，徐志摩经常坐免费的飞机。那是一架"济南号"邮政班机，陆小曼担心过飞机的安全问题，徐志摩为难地说："你也知道我们的经济条件，你不让我坐免费飞机，坐火车可是要钱的啊，我一个穷教授，又要管家，哪来那么多钱去坐火车呢？"

徐志摩语气透着无奈，陆小曼却丝毫不关心。她气呼呼地说："心疼钱，那你还是尽量少回来吧！"

徐志摩的心伤透了，与陆小曼争吵起来。他似乎有点赌气，说什么也要坐这架免费的飞机，还说自己喜欢飞，渴望像雪莱一样，死得风流。谁知，徐志摩的话，一语成谶，他真的去了，飞走了。

11 月 19 日晚上，林徽因要在协和礼堂给外国使者演讲中国建筑，徐志摩知道后，决定给林徽因捧场。林徽因担心徐志摩，也考虑过飞机安全问题，但他一直保证不会出问题。那时，他在北京任教，即使不来听她演讲，也要往返于北京、上海两地，于是徽因也没在意。

19 日早上，徐志摩突然头疼起来，本想着取消这次飞行，但一想到自己要食言，就觉得忍忍总能过去，于是上了飞机。中午的时候，陆小曼的家中发生了一件奇怪的事。徐志摩的照片在家中客厅悬挂着，谁知照片镜框突然掉了下来，相架摔坏，玻璃摔碎，

第六章

故人离去：志摩，你带走了我大半生

散落在徐志摩的照片上。陆小曼预感不祥，心跳加快，但一直安慰自己，一定不会出什么事。

徽因、思成这边，在中午时收到了徐志摩在南京登机前发出的电报："下午三点抵南苑机场，请派车接。"

梁思成下午开车去接徐志摩，却怎么也等不来"济南号"飞机降落的消息。一直到下午四点半，他见徐志摩迟迟不来便询问机场工作人员，他们的回答是，济南一带大雾，说不定飞机得到了大雾消息，根本没有起飞。思成只得返回家中，静等徐志摩平安归来的消息。

晚上，协和礼堂聚满了许多外国驻华使节，徽因三言两语便将众人的注意力引到了她演讲的题目上：中国的宫室建筑艺术。林徽因在演讲中列举了故宫、天坛、北海等外国人游览过，却缺乏了解的中国古代建筑。这场演讲，专业性极强，她一口流利的英文，表达着她对于建筑的看法。这些使节认为，林徽因的演讲，让他们重新认识了宫室建筑，对中国文化也有了深刻的认识。演讲结束后，他们向徽因表达了自己的谢意。

林徽因脸上挂着礼貌的微笑，与他们一一握手告别，其实内心早已焦灼不安。因为徐志摩没有出现在礼堂，她心里隐约有不好的预感。她匆忙回到家中，问思成有没有徐志摩的消息，思成摇头，也为徐志摩担心，二人坐立难安。

好容易挨到了第二天早上，思成早早起床，想出门发电报，

倾我所能去坚强

却看到了《北平晨报》，报纸上十分醒目地刊发了"济南十九日专电"："京平北上机肇祸。昨在济南坠落！机身全焚，乘客司机均烧死，天雨雾大误触开山。"

林徽因看到报纸，眼前一阵眩晕，不过报纸上没有公布逝者的名字，说不定徐志摩平安无事。徽因和梁思成放下报纸，匆匆赶到胡适家，胡适正四处打听关于徐志摩的消息。屋子里电话一通一通地打来，全是朋友来询问消息的，却没有一通是确认徐志摩消息的。不久，胡适从外面赶回来，他神色黯然，声音喑哑，失了神般："南京那边已证实，出事的是徐志摩搭乘的'济南号'飞机……"

突然的灾难让林徽因有点猝不及防，她不知道自己是如何回到家中的，只觉眼前发黑，怎么也不敢相信徐志摩真的去了。没多久，徐志摩遭遇惨祸的消息传开了，几乎所有的报纸都对此事进行了报道。当时上海《新闻报》写了他们遇难的经过："……该机于上午十时十分飞抵徐州，十时二十分由徐继续北行，是时天气甚佳，不料该机飞抵济南五十里党家庄附近，忽遇漫天大雾，进退俱属不能。致触山顶倾覆，机身着火，机油四溢，遂熊熊大火，不能遏止。飞机师王贯一、梁璧堂及乘客徐志摩遂同时遇难。"

第二天一早，梁思成、沈从文、张奚若、金岳霖、梁实秋、闻一多等赶到了济南，为徐志摩料理后事。林徽因要求前去，却被这些朋友们拦住了。那时，她身体刚刚好转，又怀了孕，实在

第六章

故人离去：志摩，你带走了我大半生

不适合劳碌奔波。

林徽因难掩悲痛，流着眼泪和梁思成亲手为徐志摩做了一个小花圈，这大概是她唯一能为他做的了。如今，说什么都晚了，唯有让逝者安息。

沈从文在后来的一篇文章中，记录了参加葬礼时的情形："两个工人把棺盖挪开……棺木里静静地躺着的志摩，戴了一顶红顶绒球青缎子瓜皮帽，帽前还嵌了一小方丝料绕成'帽正'，露出一个掩盖不尽的额角，右额角上一个李子大斜洞，这显然是他的致命伤。眼睛是微张的，他不愿意死！鼻子略略发肿，想来是火灼炙的。门牙脱尽，额角上那个小洞，皆可说明是向前猛撞的结果。这就是永远见得生气勃勃、永远不知道有'敌人'的徐志摩。"

张幼仪埋怨过林徽因，认为徐志摩为她而死；世人也埋怨过林徽因，认为她不该连他的葬礼也不出席。确实，徐志摩为了赶赴林徽因的演讲而亡，但这到底不是徽因的错。徐志摩生死有命，陆小曼其实已经感觉到了。不管世人如何看林徽因，在她的内心，始终也认为自己亏欠徐志摩太多。她说："这以后许多思念你的日子，怕要全是昏暗的苦楚，不会有一点点光明，除非我也有你那美丽的诗意的信仰！"她心痛，她惋惜，可她似乎终究无法得到世人的原谅。张幼仪说她并不恨陆小曼，但恨林徽因，这倒不是恨她拆散了他们的婚姻，而是恨她没有给徐志摩一个未来，却还把徐志摩当朋友，在他面前晃来晃去，最终让他命丧黄泉。

倾我所能去坚强

站在张幼仪的角度，她恨谁也不过分，但站在林徽因的角度，她没办法控制徐志摩的心。徐志摩向她倾诉生活的不易，婚姻的不幸福，任谁也不能将他往门外推。他们各自已有家庭，徐志摩也不过是一位故人，仅此而已。假如，后来徐志摩还活着，徽因尚能证明自己的清白。可是没有假如，徐志摩仙逝，她的悲痛只能证明她真的"有愧"。

她珍惜和徐志摩的友谊，她敢于光明正大地讲出悲痛，她写《悼志摩》，已经说出了所有心声。只可惜，那位英才再也唤不回来。几年前，徐志摩写下了《再别康桥》。几年后，他如诗中所写：

轻轻的我走了，

正如我轻轻的来；

我轻轻的招手，

作别西天的云彩。

那河畔的金柳，

是夕阳中的新娘；

波光里的艳影，

在我的心头荡漾。

轮泥上的青荇，

第六章

故人离去：志摩，你带走了我大半生

油油的在水底招摇；

在康河的柔波里，

我甘心做一条水草。

那榆荫下的一潭，

不是清泉，是天上虹

揉碎在浮藻间，

沉淀着彩虹似的梦。

寻梦？撑一支长篙，

向青草更青处漫溯，

满载一船星辉，

在星辉斑斓里放歌。

但我不能放歌，

悄悄是别离的笙箫；

夏虫也为我沉默，

沉默是今晚的康桥！

悄悄的我走了，

正如我悄悄的来；

倾我所能去坚强

我挥一挥衣袖，

不带走一片云彩。

徐志摩走了，走得令人惋惜，走得惊天动地，走得满城风雨。不过，他挥了挥衣袖，始终没带走一片云彩。不管你信不信宿命，徐志摩的宿命，他自己早有了预言。生前有多绚烂，死后就有多悲凉，无论你是文人雅客，还是凡夫俗子，都会随着时间被淡忘，被淹没在历史的长河中。我们无须感叹死，应该好好地生，好好地活，唯有如此，才能证明自己在这个世界上走过一遭。

珍惜了，活过了，也就够了，至于某一天会被世人遗忘，也无须悲叹人性的无情，毕竟，我们每个人，也都在遗忘着。

残骸，这是他最后的礼物

人有生老病死，物有成住坏空。与物相比，人终究是脆弱的，唯有物存世更为长久。一件物品，无论贵与贱，我们只有与它建立关系，才能拥有它一段时间。百年之后，它便沦落到下一个人手中。我们以为能拥有什么，其实什么也拥有不了。然而，有些物品却不仅仅是一件物品，它带着故人的思念，带着不一样的情感。人们想要保留的不是物品本身，而是那一段无法忘怀的往事。

徐志摩有一个笔名，叫"云中鹤"。他渴望飞，也渴望鹤般自由洒脱。如今，他飞走了，变成了泰戈尔诗里的"天空"，俯瞰着他的朋友们。而徐志摩和朋友们，正在为他的离世尽着最后的努力，希望他得到世人的认可，承认他是一位伟大的诗人。胡适、沈从文等纷纷发声，希望为徐志摩正名，抛开他私生活不讲，至少在文学上他做出了贡献。新月社的同事们，筹备起了《新月》

倾我所能去坚强

纪念徐志摩专刊，在专刊上发表关于徐志摩的诗歌和关于怀念他的文章。胡适说："在这七八年中，国内文艺界里起了不少的风波，吵了不少的架，许多很熟的朋友往往弄得不能见面。但我没有听见有人怨恨过志摩，谁也不能抵抗志摩的同情心，谁也不能避开他的黏着性。他才是和事佬，他有无穷的同情，他才是朋友中间的'连索'。他从没有疑心，他从不曾妒忌。他使这些多疑善妒的人们十分惭愧，又十分羡慕。"

　　林徽因对于徐志摩的离去，心都要碎了。在她再三恳求下，梁思成为她带回了徐志摩乘坐的"济南号"的残骸。那片飞机残骸挂在徽因和思成卧室里，以此表达她对于这位故友的怀念。她用情至深，许多个日日夜夜悼念着徐志摩，如今故人永远地离开了她，她决定提笔写文章，以文章的方式抒发自己悲痛的情绪。1931 年 12 月 7 日，她的《悼志摩》一文发表在了《北平晨报》上。她写道：

　　　　十一月十九日我们的好朋友，许多人都爱戴的新诗人，徐志摩突兀的，不可信的，残酷的，在飞机上遇险而死去。这消息在二十日的早上像一根针刺猛触到许多朋友的心上，顿使那一早的天墨一般的昏黑，哀恸的咽哽锁住每一个人的嗓子。

　　　　志摩……死……谁曾将这两个句子联在一起想过！

第六章

故人离去：志摩，你带走了我大半生

他是那样活泼的一个人，那样刚刚站在壮年顶峰上的一个人。朋友们常常惊讶他的活动，他那样小孩般的精神和认真，谁又会想到他死？

突然的，他闯出我们这共同的世界，沉入永远的静寂，不给我们一点预告，一点准备，或是一个最后希望的余地。这种几乎近于忍心的决绝，那一天不知震麻了多少朋友的心？现在那不能否认的事实，仍然无情地挡在我们前面。任凭我们多苦楚的哀悼他的惨死，多迫切的希冀能够仍然接触到他原来的音容，事实是不会为我们这伤悼而有些许活动的可能！这难堪的永远静寂和消沉便是死的最残酷处。

…………

他离平的前一晚我仍见到，那时候他还不知道他次晨南旅的，飞机改期过三次，他曾说如果再改下去，他便不走了。我和他由同一个茶会出来，在总布胡同口分手。在这茶会里我们请的是为太平洋会议来的一个柏雷博士，因为他是志摩生平最爱慕的女作家曼殊斐儿的姊丈，志摩十分的殷勤；希望可以再从柏雷口中得些关于曼殊斐儿早年的影子，只因限于时间，我们茶后匆匆地便散了。晚上我有约会出去了，回来时很晚，听差说他又来过，适遇我们夫妇刚走，他自己坐了一会儿，喝了一壶茶，

倾我所能去坚强

在桌上写了些字便走了。我到桌上一看：——

"定明早六时飞行，此去存亡不卜……"我怔住了，心中一阵不痛快，却忙给他一个电话。

"你放心。"他说，"很稳当的，我还要留着生命看更伟大的事迹呢，哪能便死？……"

话虽是这样说，他却是已经死了整两周了！

…………

"完全是诗意的信仰"，我可要在这里哭了！也就是为这"诗意的信仰"他硬要借航空的方便达到他"想飞"的宿愿！"飞机是很稳当的，"他说，"如果要出事那是我的运命！"他真对运命这样完全诗意的信仰！

志摩我的朋友，死本来也不过是一个新的旅程，我们没有到过的，不免过分地怀疑，死不定就比这生苦，"我们不能轻易断定那一边没有阳光与人情的温慰"，但是我前边说过最难堪的是这永远的静寂。我们生在这没有宗教的时代，对这死实在太没有把握了。这以后许多思念你的日子，怕要全是昏暗的苦楚，不会有一点点光明，除非我也有你那美丽的诗意的信仰！

…………

我不敢再往下写，志摩若是有灵听到比他年轻许多的一个小朋友拿着老声老气的语调谈到他的为人不觉得

故人离去：志摩，你带走了我大半生

不快么？这里我又来个极难堪的回忆，那一年他在这同
一个的报纸上写了那篇伤我父亲惨故的文章①，这梦幻似
的人生转了几个弯，曾几何时，却轮到我在这风紧夜深
里握吊他的惨变。这是什么人生？什么风涛？什么道路？
志摩，你这最后的解脱未始不是幸福，不是聪明，我该
当羡慕你才是。

　　林徽因经历了几轮的生死离别，对于徐志摩的离开除了哀
恸，看开了不少。正如她所说，死不定就比这生苦，也不未必
不是幸福。她在《悼志摩》的文章里，回忆了徐志摩的种种，
讲到他对艺术、对自然、对灵魂、对人的热爱，也讲到了他对
于绘画、戏剧、诗文的痴迷……徽因越是回忆，越难以自已。
他们两人相识十年，这种离别的痛楚也是刻骨铭心的。一时间，
两人的感情再一次被推向风口浪尖。只是，徽因顾不得这么多了，
她保留了失事飞机的残骸，写出了她的悲痛，他们的感情到底
如何，任由别人猜去吧。

　　事实上，后来徐志摩对林徽因的感情，比传说和想象中纯洁
得多。他们两人的通信后来被焚毁了，有一封信和一首诗（《你去》）
在遗忘中被保存了下来。在仅存的一封信和诗中，可以看出徐志

---

　　①　指徐志摩一九二六年二月所作《伤双栝老人》一文。

倾我所能去坚强

摩对于林徽因已经完全放下了。

徽音：

我愁望着云泞的天和泥泞的地，只担心你们上山一路平安，到山上大家都安好否？我在记念。

我回家累得直挺在床上，像死人——也不知那来的累。适之在午饭时说笑话，我照例照规矩把笑放在嘴边，但那笑仿佛离嘴有半尺来远，脸上的皮肉像是经过风腊，再不能活动！

下午忽然诗兴发作，不断的抽着烟，茶倒空了两壶，在两小时内，居然诌得了一首。哲学家上来看见，端详了十多分钟，然后正色的说：It is one of your very best.[①]但哲学家关于美术作品只往往挑错的东西来夸，因而，我还不敢相信，现在抄了去请教女诗人，敬求指正！

雨下得凶，电话电灯会断。我讨得半根蜡，匍匐在桌上胡乱写。上次扭筋的脚有些生痛。一躺平眼睛发跳，全身的脉搏似乎分明的觉得。再有两天如此，一定病倒——但希望天可以放晴。

思成恐怕也有些着凉，我保荐喝一大碗姜糖汤，妙

①　这是你最好的诗之一。

第六章

故人离去：志摩，你带走了我大半生

药也！宝宝老太①都还高兴否？我还牵记你家矮墙上的艳阳。此去归来时难说完，敬祝山中人"神仙生活"，快乐康强！

脚疼人洋郎（洋）牛渡（洋）河夜

陆小曼说："志摩之死，死于林、死于情者也。"若真是如此，也应了徐志摩那句："如果要出事那是我的运命！"徐志摩说的是赌气话，像个孩子似的，他还想活着看更伟大的事迹呢。因为两人走得近，就一定是爱情吗？梁思成与徐志摩也走得近，他与徽因到底是怎样的感情，思成应该看得清清楚楚。不然，思成也不会将徐志摩的残骸偷偷地给她带回家。

人一旦死去，便与世间再无瓜葛，可对于活着的人来说，死去的人却一直活在活着的人心中。留住了物，就留住了念想，重要的人在生命中不想抹去，就渴望通过物品来证明他曾真实地存在过。林徽因也是诗意的，她需要徐志摩这位知己与她喝茶谈诗，纵然他不在了，留着他的遗物也是好的。但她也明白，人生聚散无常，今日执着的往事，日后或许不值得一提，可是这道理，只有亲自走过才会懂得放下。她愿意拿起，也等着放下，至于何时，就交给时间吧。

---

① 指徽因的女儿和母亲

日记，这段情成了无人知晓的秘密

徐志摩离世后，他的家人，还有新月社全体成员，都开始为徐志摩策划编辑《徐志摩全集》。在收集材料的过程中，不期然地，将注意力放到了徐志摩的日记上。

半年前，徐志摩曾对林徽因说，他完整地保存了留学生时期的日记，这些日记分为：康桥日记和雪池时代。康桥日记，是指在英国留学时期的记录；雪池时代，是他从英国回京后所记。不过，陆小曼看完雪池时代后极不高兴，一生气把日记统统烧了。志摩曾表示，他想把那段康桥日记交给林徽因保存，但觉得来日方长，便没把这件事放在心上。如今，要编辑《徐志摩全集》，这些日记一下子变得重要起来，人们都想知道那日记里写了什么。

徐志摩生前一直住在胡适家中，胡适待他如兄弟，吃、穿、住、用为他准备得一应俱全。徐志摩为了生计疲于奔命，舍不得为自

第六章

故人离去：志摩，你带走了我大半生

己添新衣，衣服破了也是由胡适的太太偷偷帮他补好。徽因知道徐志摩跟胡适的关系，便去胡适家问关于日记的事。胡适从书橱下面抱出一只小箱子，里面存放了徐志摩早年的日记和零碎物品。他说，这是从凌叔华那里要过来的，之前这箱子一直存放在凌叔华家，最近要编辑《徐志摩文集》，便提前要过来做个准备，方便目录编写。

林徽因望着那小箱子，激动得说不出话来。对于她来说，这些记载着徐志摩生命的日记多珍贵呀，有了这些，就仿佛他还活着一样。徽因接过箱子，答应看过之后帮助做整理，好将徐志摩的全集尽早完成。

回到家中，徽因小心翼翼地打开箱子，并将里面的东西一一取出，清点箱子里的物品。她给这些物品归了类，并做了一个记录：

箱子中主要是日记本，有一本中文日记和三本英文日记。两个稍大的日记本，从时间上看大概是康桥日记，另一个小本子，时间记录的是 1925 年，那是徐志摩在意大利时所记下的。另外还有几个本子，只写了几个开头，后面全部是空白页。再接下来，便是陆小曼的两本日记了。除此之外，箱子里还放了《晨报·副刊》的原稿和《晨报·副刊》的零张杂纸，一些相片，两把羽扇，以及零碎的剪报、稿纸和住址本。

林徽因翻来翻去，觉得日记少了什么。徐志摩跟她说，康桥日记里记录了当时他们在英国的岁月，可那段岁月并没有放在这

倾我所能去坚强

个箱子里。徽因 1920 年 11 月在英国结识徐志摩，1921 年 7 月与父亲林长民离开英国。其他时期的日记全部能对上，唯独少了她与徐志摩在一起的那段时光，难道徐志摩口中的康桥日记就是这样记录的吗？怎么恰巧没有的部分，正是与自己有关的那段时间呢？林徽因心中有了疑惑，思来想去，决定找胡适问清楚。

林徽因周末去胡适家时，正巧张奚若也在，他听说徽因帮徐志摩整理遗作，无意中说出了关于日记的下落。他在凌叔华那里见过康桥日记，据说凌叔华想为徐志摩写传记，那本日记对于她来说十分重要，在给胡适箱子时，早将那两本重要的日记私藏了。徽因知晓后，想去索回那本日记，凌叔华却不愿意给，搞得徽因十分生气。

日记中的往事，记录了她与徐志摩的时光，她也想知道徐志摩到底是怎样评价她的，对于她有着怎样的情感，然而，她身为当事人却要不回日记，实在有些恼火。她在给胡适写信时，也毫不掩饰她的气愤："适之先生：下午写了一信，今附上寄呈，想历史家不必以我这种信为怪。我为人直爽性急，最恨人家小气曲折说瞎话，此次因为叔华瞎说，简直气糊涂了。"

徽因给胡适写信，将心中的不快，积郁的烦恼，统统写了出来。她没有想过，几十年后她的这封信会发表，但正因为发表了，也让后人看到一个毫无心机，不善应对复杂人事的徽因。而她与徐志摩的关系，也可以通过这封信来澄清：

第六章

故人离去：志摩，你带走了我大半生

关于我想着那段日记，想也是女人小气处或好奇处多事处，不过这心里太 human（人性化）了，我也不觉得惭愧。

我觉得这桩事人事方面看来真不幸，精神方面看来这桩事或为造成志摩为诗人的原因，而也给我不少人格上知识上磨炼修养的帮助，志摩 in a way（在某方面）不悔他有这一段苦痛历史，我觉得我的一生至少没有太堕入凡俗的满足，也不算一桩坏事，志摩警醒了我，他变成一种 stimulant（激励）在我的生命中，或恨，或怒，或 happy（快乐），或 sorry（遗憾），或难过，或苦痛，我也不悔的，我也不 pround（得意）我自己的倔强，我也不惭愧。

我的教育是旧的，我变不出什么新的人来，我只要"对得起"人——爹娘，丈夫（一个爱我的人，待我极好的人），儿子，家族等等，后来更要对得起另一个爱我的人，我自己有时的心，我的性情便弄得十分为难。前几年不管对得起他不，倒容易——现在结果，也许我谁都没有对得起，您看多冤！

我自己也到了相当年纪，也没有什么成就，眼看得机会愈少——我是个兴奋 type, accomplish things by sudden inspiration and master stroke（我是个兴奋型的人，

倾我所能去坚强

靠突然的灵感和神来之笔做事），不是能用功慢慢修炼的人。现在身体也不好，家常的负担也繁重，真是怕从此平庸处世，做妻生仔的过一世！我禁不住伤心起来。想到志摩今夏的 inspiring friendship and love（富于启迪性的友谊和爱）对于我，我难过极了。

这几天思念他得很，但是他如果活着，恐怕我待他仍不能改的。事实上太不可能。也许那就是我不够爱他的缘故，也就是我爱我现在的家在一切之上的确证。志摩也承认过这话。

胡适接到徽因的信，也认为凌叔华有过分之处。12 月 18 日他写了一封信给凌叔华，在规劝与调解中，希望她能将那本日记交出来：

叔华：

……昨始知你送在徽因处的志摩日记只有半册，我想你一定把那一册半留下做传记或小说素材用了。但我细想，这个办法不是很好。……你藏有此两册日记，一般朋友都知道……所以我上星期编的遗著略目，就注名你处存两册日记……今天写这信给你，请你把那两册日记交给我。我把这几册英文日记全付打字人打成三个副

故人离去：志摩，你带走了我大半生

本，将来我可以把一份全的留给你做传记全材料……

　　这两册日记不知道凌叔华有没有交到林徽因手中，但日记的内容却成了谜，这段情也成了无人知晓的秘密。1982年10月和1983年5月，凌叔华在给徐志摩表弟陈从周的信中，提到了日记的事：

> ……这情形已是三四十年前的了！说到志摩，我至今仍觉得我知道他的个性及身世比许多朋友更多一点……不意在他飞行丧生的后几日，在胡适家有一些他的朋友，闹着要求把他的箱子取出来公开，我说可以交给小曼保管，但胡适帮助林徽音一群人要求我交出来（大约是林和他的友人怕志摩恋爱日记公开了，对她不便，故格外逼胡适向我要求交出来）。我说我应交小曼，但胡适说不必。他们人多势众，我没有法拒绝，只好原封交与胡适。可惜里面不少稿子及日记，世人没见过面的，都埋没或遗失了。
>
> ……日来平心静气地回忆当年情况，觉得胡适为何要如此卖力气死向我要志摩日记的原因，多半是为他热衷政治。志摩失事时，凡清华北大教授，时下名女人，都向胡家跑，他平日也没有机会接近这些人，因志摩之死，

倾我所能去坚强

忽然胡家热闹起来，他想结交这些人物，所以得制造一些事故，以便这些人物常来……那时林徽音大约是最着急的一个，她也同我谈过，我说已交适之了。

在凌叔华的信中，看到了她想要将日记公之于世，可惜几十年过去了，这两本日记，这段情，随着时间沉默了。同一件事，不同的人有不同的看法，林徽因想要知道徐志摩对她是怎样一种情感，胡适或许如凌叔华所说，有着其他目的，但不管怎样，每个人都只站在了自己的角度。这也正如同我们每一个人，同一件事，我们永远做不到公平，更做不到公正，唯一能确定的便是自己有着怎样的看法和评价。

我们常常认为，沟通可以解决所有问题，但事实上，我们从来没有做到过有效沟通。你没办法了解他人的想法，正如同他人没办法站在你的角度思考问题，那些看似得到解决的事，不过是某个人受了委屈，忍让了另外一个人罢了。那些委屈，都是一本本"日记"，也都是一个个"秘密"，它们无人知晓，除了自己。

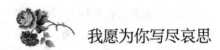 **我愿为你写尽哀思**

  人生若梦，人生如戏，每个人能做的不过是在戏中尽情地演绎自己。有时哀怨，有时欢喜，有时是主角，有时当配角，为别人做了嫁衣，不过更多的时候，却是一个人的独角戏。

  徐志摩在世的时候，林徽因是他世界里的主角；徐志摩去世后，她成了一个配角，一个唱独角戏的人。她为了怀念这位故人，写了不少的诗歌。1936 年 3 月 15 日的《大公报·文艺副刊》，刊登了徽因的这首《别丢掉》，诗里多了一份轻纱般的惆怅，还有她缠绵又执着的，对于爱的呼唤。当然，还表达了她的哀伤，对于志摩的怀念。都说志摩因她而死，她身上承担着巨大的舆论，其实在她心中，她也曾自责过，所以始终不敢忘记他，好像只有这样，他才在这个世界上从未消失过。林徽因临终前，想要见一下张幼仪，便是最好的证明。

倾我所能去坚强

别丢掉

这一把过往的热情，

现在流水似的，

轻轻

在幽冷的山泉底，

在黑夜在松林，

叹息似的渺茫，

你仍要保存着那真！

一样是明月，

一样是隔山灯火，

满天的星，

只使人不见，

梦似的挂起，

你问黑还要回

那一句话——你仍得相信

山谷中留着

有那回音！

　　假如人生可以重来，假如徐志摩还活着，她仍然不会选择徐志摩。她在感情里，对他没有太多遗憾，遗憾的是志摩英年早逝，过早失去宝贵的生命。如今，无论她如何用诗歌呼唤，也唤不回

第六章

故人离去：志摩，你带走了我大半生

康桥上穿中式长袍、意气风发的男子。

1934 年，林徽因和梁思成应浙江省建设厅的邀请，商议杭州六和塔重新修建计划，之后他们在工作的过程中，辗转经过一个小火车站，梁思成说，这里就是硖石。林徽因听到这个地名，心中一紧，想到了徐志摩。这里是生他养他的地方，他在这里读书，在这里写诗，最终将骸骨埋葬在这个叫作硖石的地方。

林徽因从火车上下来，感受着硖石吹来的冷风与空气。她从来没有想过，多年后，她能与他亲近，就像他从未消失过。火车只停留了三分钟，徽因还来不及好好回忆他，便匆匆上了车。伴随着火车的震动，她的眼泪忍不住流了下来。志摩的诗句，在她的脑海里不由自主地蹦着："……火车擒住轨，在黑夜里奔：过山，过水……就凭那精窄的两道，算是轨驮着这份重，梦一般的累坠……"

突然，林徽因想起这天正巧是 11 月 19 日，是徐志摩遇难三周年的忌日。平常这天，徽因和梁思成会将志摩的照片摆放出来，两人一起在家中祭奠。有时，几位好友聚到一起，一起来怀念这位朋友。而那天，不知道是不是老天刻意安排，她总觉得冥冥之中，她与他重逢了，虽然只有短短的三分钟，但人生又能有多长呢？放到宇宙几万光年中，人的一生还不及这三分钟。人世间许多相遇，也不过匆匆一瞥，擦肩而过。

火车呼啸着，不知不觉抵达了上海，老同学陈植等人前来接站，他们热情又开心。他们见到林徽因和梁思成，有许多说不完的话和

倾我所能去坚强

回忆。当众人回忆往事时，平时热情又健谈的林徽因却沉默寡言。陈植忍不住问她："身体不舒服吗？今儿怎么不说话了？"

林徽因心情不好，回陈植的话也带着气："你以为我是女人家，总是说个不停吗？"梁思成懂她的心思，解释着说："我们来的火车路过了硖石。"

一时间，所有人都沉默了。

提到林徽因对徐志摩的怀念，费慰梅在自己的回忆中说："……我们有时分析和比较中国和美国的不同价值观和生活方式，但接着我们就转向我们在文学、意识和冒险方面的许多共同兴趣，把关于对方不认识的朋友的追忆告诉对方。

"天才的诗人徐志摩当然是其中一个。她不时对我谈起他，从来没有停止说话来思念他。我时常想，她对我用流利的英语进行的题材广泛、充满激情的谈话，可能就是他们之间生动对话的回声，那在她作为一个小女孩在伦敦时就为她打开了一个更广阔的世界……"

第二年5月9日，林徽因的好友新月派青年诗人方玮德在北平医院病逝，林徽因的心再一次遭受到打击。她亲自为这位诗人送殡到法源寺，一想到人的生命如此脆弱，泪水便再一次模糊了她的双眼。为了怀念这位早逝的朋友，她再一次提笔为友人写出心中的哀思：

第六章

故人离去：志摩，你带走了我大半生

玮德，是不是那样，

你觉到乏了，有点儿

不耐烦，

并不为别的缘故

你就走了，

向着哪一条路？

玮德你真是聪明；

早早地让花开过了

那顶鲜妍的几朵，

就选个这样春天的清晨，

挥一挥袖

对着晓天的烟霞

走去，轻轻地，轻轻地

背向着我们。

春风似的不再停住！

…………

黯淡是这人间

美丽不常走来

你知道。

歌声如果有，也只在

几个唇边旋转！

倾我所能去坚强

一层一层尘埃，

凄怆是各样的安排，

即使狂飙不起，狂飙不起，

这远近苍茫，

雾里狼烟，

谁还看见花开！

你走了，

你也走了，

尽走了，再带着去

那些儿馨芳，

那些儿嘹亮，

明天再明天，此后

寂寞的平凡中

都让谁来支持？

一星星理想，难道

从此都空挂到天上？

　　徐志摩的脸庞，再一次浮现在林徽因眼前，慢慢地幻化成一片模糊，她无法抑制住内心的悲伤，即使她知道悲伤对她的身体不好。

第六章

故人离去：志摩，你带走了我大半生

她想起志摩的诗，人生何不像这列车，在苍茫的人世间负重前行，无论沿途经历什么，都无法阻止它奔赴终点。只可惜，她的故友早早下车，消失在了夜空中。可是，对于活着的人，除了继续奋力前行外，再无其他选择。

林徽因以为，早些年她经历的打击够多了，也算尝尽了人世间的悲欢离合。可如今她才明白，生活会有一个又一个打击接踵而来。她无法抑制自己心中的悲伤，她唯一能做的是咬牙前行，在磨难与打击中，慢慢参透生死，直到自己面临最后那一刻，再无畏惧。

第七章

建筑事业：枯燥里有人生况味

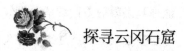 探寻云冈石窟

人们常说，日子枯燥，平平淡淡，于是，便渴望惊天动地的生活。人生倘若能过得不凡，过得轰轰烈烈，那也是完美的，可这样的人生终究是少数。多数人仍是活在阴沟里仰望星空，却从不肯踏出阴沟一步。无论做一件事，或想要美好的生活，都离不开坚持，离不开在枯燥的生活里，找到它的美，它的况味。

世间万千艺术，都是美的。你站在任何一件艺术作品前面，欣赏它的美都是一种享受。齐白石在绘画上，由工笔改为大写意，他的作品寥寥几笔，就让画面活灵活现。有些人为了模仿他的作品，也试图用洒脱的姿态，描绘出他的"不经意"。殊不知，所有的不经意，都是反复揣摩、反复思量的结果。

林徽因和梁思成的建筑艺术是美的，是令人享受的，同时也是枯燥无味的。测绘、爬梁、绘图……这些与艺术不沾边的工作，

倾我所能去坚强

原本是令人讨厌的，可徽因却觉得十分有趣。有些人觉得艺术是灵感的迸发，可所有的艺术又需要脚踏实地，一步一步积累，最终才能完成艺术的精美呈现。林徽因这几年虽然一直在休养，但从没有忘记对于建筑的探索。他们在探索一个地方之前，会做不少准备功课，比如，跑图书馆，阅读当地的杂志，了解当地的历史、地理和宗教等方面的情况。如果考察的建筑得到了政府的支持，一切便会很顺利；如果没有政府的支持，所有的考察就要亲自与当地老百姓去协调。他们的行为常常被当地老百姓不理解，严重时还会以性命威胁，但这都没有让他们停止探索的脚步。

1933年，思成、徽因计划先去大同，再去应县。大同有云冈石窟，应县有了辽代木塔。梁思成一直想要了解中国古塔建筑，应县的那座古老的木塔，他早就想去考察了。

云冈石窟，是中国早期佛教艺术壮观的遗迹，建造于北魏时期，位于山西省大同市西郊 17 公里处的武周山南麓，石窟依山开凿，东西绵延 1 公里。存有主要洞窟 45 个，大小窟龛 252 个，石雕造像 51000 余躯，是中国规模最大的古代石窟群之一，与敦煌莫高窟、洛阳龙门石窟和天水麦积山石窟并称为中国四大石窟艺术宝库。

当时，云冈地处偏僻，周围几乎没什么人家。他们到云冈以后，发现那里没有饭店，没有旅馆，没有任何公共设施。为了能长久地探索石窟，他们只好住在一位农民家里。不过，农民借给他们的房子是一个几乎废弃的房子，没有门窗，没有家具，甚至没有

建筑事业：枯燥里有人生况味

完整的屋顶。这里的农民生活条件十分艰苦，只能靠田里稀稀落落的庄稼生活。没有吃食，他们只好跟农民一起吃煮土豆、喝玉米面糊糊，偶尔吃一次咸菜简直就是美味佳肴。

在这样艰苦的条件下，他们完成了关于石窟的探索与考察。对于许多人来说，这样的生活是苦的，是令人绝望的，可对于林徽因来讲，却活色生香。她用充满诗意的文字和心情记录着此次的大同之行：

> ……旬日来眼看去的都是图画，日子都是可以歌唱的古事。黑夜里的山场里看河南到山西的匠人，围住一个大红炉子打铁，火花和铿锵的声响，散到四周黑影里去。微月中步行寻到田陇废庙，划一根"取灯"偷偷照看那瞭望观音的脸，一片平静几百年来，没有动过感情的，在那一闪光底下，倒像挂上一缕笑意。
>
> 我们因为探访古迹走了许多路；在种种情形之下感慨到古今兴废。在草丛里读碑碣，在砖堆中间偶然碰到菩萨的一只手一个微笑，都是可以激动起一些不平常的感觉来的……由北平城里来的我们，东看看，西走走，夕阳背在背上，真和掉在另一个世界里一样！
>
> ……

倾我所能去坚强

工作中的林徽因，享受着专业带来的快乐；工作间歇，享受着艰苦生活带来的快乐。快乐其实很简单，并不需要大富大贵，也不需要豪车洋房，只要有一颗爱生活的心，粗茶淡饭也能吃出人间美味。只可惜，这样的生活是短暂的，林徽因身体不好，无法承受长时间的工作劳累，加上她长时间不在北京，家中老小也需要她回去照料。所以，她不得不回北京，与团队依依惜别。不过，梁思成答应她，及时把考察中的情形写信告诉她，让她一同领略古代建筑的风采。

林徽因回京后，梁思成带着团队离开了云冈，去往应县。没几天，他给林徽因写信，表达了他的遗憾：

> ……你走后我们大感工作不灵，大家都用愉快的意思回忆和你各处同作的畅顺，悔惜你走得太早。我也因为想到我们和应塔特殊的关系，悔不把你硬留下同去瞻仰。家里放下许久实在不放心，事情是绝对没有办法，可恨。

后来，梁思成在给林徽因的信中，讲述了考察古塔的不易：

> 这两天工作颇顺利，塔第五层（即顶层）的横截面已做了一半，明天可以做完。断面做完之后，将有顶上

第七章

建筑事业：枯燥里有人生况味

之行，实测塔顶相轮之高；然后楼梯、栏杆、格扇的详样；然后用仪器测全高及方向；然后抄碑；然后检查损坏处，以备将来修理。我对这座伟大建筑物目前的任务，便暂时告一段落了。

今天工作将完时，忽然来了一阵"不测的风云"。在天晴日美的下午五时前后狂风暴雨雷电交作。我们正在最上层梁架上，不由得不感到自身的危险。不单是在二百八十多尺高、将近千年的木架上，而且紧在塔顶铁质相轮之下，电母风伯不见得会讲特别交情。我们急着爬下，则见实测记录册子已被吹开，有一页已飞到栏杆上了。若再迟半秒钟，则十天的工作有全部损失的危险。我们追回那一页后，急步下楼——约五分钟——到了楼下，却已有一线骄阳，由蓝天云隙里射出，风雨雷电已全签了停战协定了。我抬头看塔仍然存在，庆祝它又避过了一次雷打的危险，在急流成渠的街道上，回到住处去。

我在此每天除爬塔外，还到白云斋看了托我买信笺的那位先生。他因生意萧条，现在只修理钟表而不照相了……

应县木塔，是中国古代无与伦比的木结构建筑，在梁思成和其他建筑学家的努力下，得到了人们的认识和重视；新中国成立后，

倾我所能去坚强

政府对这座古塔进行了整修和加固，使这座古董建筑得到了应有的保护。

此后，梁思成有了一个习惯，只要听某人谈及或从报刊书籍中了解到哪个地方有古代建筑，便会写信给当地邮政局长，并随信寄上所需费用，请他们帮忙将古建筑拍张照片，好了解是否是需要考察的对象。

1936 年 5 月，林徽因与梁思成一同前往洛阳，开始了关于龙门石窟的勘察。龙门石窟开凿于公元 493 年北魏孝文帝迁都洛阳前后，密布于伊水东西两山的峭壁上。今存有窟龛 2345 个，造像 10 万余尊，题记和其他碑刻 2800 余品。再一次探访石窟，他们有了经验，分工也越来越明确。梁思成、陈明达为洞窟和佛像拍照，林徽因负责佛像和窟龛雕饰的记录，刘敦桢为洞窟编号和记录建筑特征，赵正之抄录碑刻内容和开凿时代。

这里与云冈石窟环境相差不多，也是十分艰苦。每次，他们探索完，便要从龙门回到洛阳城的旅店里。那天，他们每个人都极为疲惫，回到旅店想早早睡下。徽因在床上刚刚铺好床单，却发现床单上落了一层沙土。她抖落之后，转眼沙土再次落下，他们感到奇怪，仔细看那沙土才发现，原来床单上落的并非沙土，而是密密麻麻的跳蚤。刘敦桢在自己的日记中记录这一夜："寓室湫隘，蚤类猖獗，终夜不能交睫。"

此次勘测，仅四天。离开龙门，他们又去了开封，考察了繁塔、

第七章

建筑事业：枯燥里有人生况味

铁塔、龙亭，然后从开封到山东，又考察了长清、泰安、济宁等十一个县的古建筑。

在考察途中，林徽因不忘给家人写信，她在信中记下了这一路的艰辛："每去一处都是汗流浃背的跋涉，走路工作的时候又总是早八点至晚六点最热的时间里……可真真累得不亦乐乎。吃得也不好，天太热也吃不下……整天被跳蚤咬得慌，坐在三等火车上又不好意思伸手在身上各种乱抓，结果浑身是包！"

尽管一路千辛万苦，林徽因还是决定跟思成去西安，一同考察药王庙。回到北京后，林徽因在给费慰梅的信中谈到了这段外出考察的日子：

> ……我们再次像在山西时那样辗转于天堂和地狱之间。我们为艺术和人文景物的美和色彩所倾倒，却更多地为我们必须赖以食宿（以便第二天能有精力继续工作）之处的肮脏和臭气弄得毛骨悚然，心灰意懒。我老忘不了慰梅爱说的名言，"恼一恼，老一老"——事实上我坚守这个明智的说法，以保持我的青春容貌……这次旅行使我想起我们一起踩着烂泥到（山西）灵石去的欢乐时刻。

没有任何人能随随便便成功，任何一位有成就的人，都是经

倾我所能去坚强

历了技能上的长途跋涉，最终才获得了艺术上的自由。打磨是艰辛的，是枯燥的，是重复的，一念天堂，一念地狱，徽因虽然身在"地狱"，但她的心境却宛在"天堂"。她不觉得苦，反而觉得是快乐的。人生原本没有苦，苦是因为自己的一念，把自己打入了地狱。其实，凡事换个心境，就是另外一番天地。

林徽因把这段时期的旅行，写成了一首诗歌——《旅途中》，这首诗歌充分表达了她不抱怨，宁静单纯的心境。

> 我卷起一个包袱走，
>
> 过一个山坡子松，
>
> 又走过一个小庙门
>
> 在早晨最早的一阵风中。
>
> 我心里没有埋怨，人或是神；
>
> 天底下的烦恼，连我的
>
> 扰总，
>
> 像已交给谁去，……
>
>
> 前面天空。
>
> 山中水那样清，
>
> 山前桥那么白净，——
>
> 我不知道造物者认不认得

第七章

建筑事业：枯燥里有人生况味

自己图画；

乡下人的笠帽、草鞋，

乡下人的性情。

1934年，夏，林徽因在山西汾阳小相村灵岩寺

天涯海角去找塔

　　想要从普通变为优秀，有一个"一万小时定律"，即需要一万小时的付出，才能成为某个领域的专家。如果每天工作八个小时，一周工作五天，那么成为一个领域的专家至少需要五年。但是，从优秀到卓越，则需要更长的时间。有人说，至少需要十年，还有的人说，需要付出一生的时间。

　　梁思成考察完应县木塔，对全国各地的塔都有了兴趣，他希望深入研究塔这一古代建筑。1934年10月，林徽因和梁思成应浙江省建设厅厅长的邀请，前往杭州考察，拟定六和塔的重修计划。这项工作完成后，他们又赴浙南几个县考察了当地的古代建筑。之后又回到北京，完成了其他关于建筑类的勘测工作。这些工作，徽因原本想与思成共同完成，不料1935年12月9日，爆发了中国共产党领导的"一二·九"爱国学生运动。北京各高校学生游街示威，

第七章

建筑事业：枯燥里有人生况味

要求政府抗日救亡，实行民主政治。林徽因和梁思成的弟弟妹妹及子侄辈参加了这场运动，一时间家里热闹了起来。勘测古建筑的工作虽然在北京，但在这个特殊时期，家中人丁兴旺，徽因不得不操心家里的事。眼看时间从自己手中流逝，又没时间读书写作，徽因的心承受着不小的煎熬。她在给费慰梅的信中写道：

> 看来你对我的生活方式——到处为他人作嫁，操很多的心而又缺乏锻炼等等——很担心。是啊，有时是一事无成，我必须为一些不相干的小事操劳和浪费时间，直到——我的意思是，除非命运对我发慈悲而有所改变。看来命运对于作为个人的菲丽丝不是很好，但是对于同一个人，就其作为一名家庭成员而言的各个方面来说，还相当不错。天气好极了，每间屋子都重新裱糊过、重新布置并装修过了，以期日子会过得更像样些。让我给你画张图，告诉你是怎么回事。[①]

> 慰梅，慰梅，我给你写什么新闻还有什么用——就看看那些床吧！它们不叫人吃惊吗！可笑的是，当它们多多少少按标出的公用地点摆放到一起之后，他们会一个接一个地要吃早点，还要求按不同的样式在她的或他

---

① 原信中，林徽因画了家中平面图，并注明了每间屋子有几张床，床上还标注了名字。

的房间里喝茶！下次你到北平来，请预订梁氏招待所！

……

　　林徽因一直不愿意在家庭中浪费时间，但人往往身不由己，不得不去做不喜欢的事。在荒郊野岭勘测时，她吃多少苦也是幸福的。她在北京安逸地生活着，却总觉得心中不快。徽因的天堂，在建筑里，在书里，在诗歌和艺术里。

　　后来，她去龙门石窟，激动地赞叹古人伟大的艺术。她将画板放到膝盖上，边临摹边赞叹地说："太美了，真是奇迹。"刘敦桢看徽因写写画画，便问她："微因，是不是又在写诗？"

　　林徽因回答说："这首诗一千五百年前就写在这里了，石头的诗篇是不会被风化的。"她不畏艰难，不怕行千万里路，为的是更有意义的事，她只有在重要的事情面前，才会欢乐，才会开心地笑。他们走访开封祐国寺的铁塔、天清寺的繁塔等古建筑。当然，最让林徽因印象深刻的是西安的小雁塔和大雁塔。

　　坐落在西安的大雁塔建于永徽三年。玄奘为了保护从天竺取回来的经典，便在大慈恩寺内建了大雁塔。相比大雁塔，更让林徽因称奇的是小雁塔的"三离三合"。明成化二十三年地震时，塔从底至上断裂一尺多宽的缝隙。明正德十六年地震，塔中的缝隙竟然在地震中自然弥合，天衣无缝。此后在明嘉靖三十四年，小雁塔因华县大地震"塔裂为二"，嘉靖四十二年复震，"塔合

建筑事业：枯燥里有人生况味

无痕"；康熙辛未"塔又裂"，"辛丑复合"。

这"三离三合"不得不让林徽因和梁思成对建筑的内部结构，以及建造的原理产生兴趣，他们实地考察，逐步研究，在建筑上的造诣越来越高。

不过，那时战争逼近，他们总想赶在战争破坏之前完成所有的工作。徽因不仅对建筑的保存担忧，其实在那样一个年代，她也担心国家命运，而建筑正好填补了她的焦虑。她在给费正清和费慰梅的信中写道：

> 自从你们两人来到我们身边，并向我注入了新的活力和对生活以及未来的新看法以来，我变得更加年轻、活泼和有朝气了。……
>
> 你们知道，我是在双重文化的教养下长大的，不容否认，双重文化的接触与活动对我是不可少的。在你们俩真正在（北总布胡同）三号进入我们的生活之前，我总是觉得若有所失，缺了点什么，有一种精神上的贫乏需要营养，而你们的"蓝色书信"充分地补足了这一点。……
>
> 今秋①或初冬的那些野餐、骑马（还有山西之行）使我的整个世界焕然一新。试想如果没有这些，我如何

---

① 注：1935年

倾我所能去坚强

能熬过我们民族频繁的危机所带来的紧张、困惑和忧郁?

因为专注，因为足够的付出，林徽因和梁思成做到了卓越。仅塔这一项，他们走访了中国许许多多的乡镇、寺庙。本来他们还想勘测更多的古代建筑，但因为战争爆发，他们后来只能被动地远走天涯，四处漂泊。

在最好的年华里，徽因把一部分时间献给了家庭，一部分时间献给了健康，还有一部分时间放到了建筑和创作上。如果，她是一位男子，身体健康硬朗，又赶上一个好时代，今日她的成就不可想象。可惜没有如果，她只能在破碎的时间里，做着"整块"的事，让自己的理想一点点建立，一点点成熟，一点点成就。

五台山的惊喜：佛光寺

　　几年的野外考察，林徽因和梁思成对古代建筑有了深刻的认识和发现。但在这些成果中，最古老悠久的建筑是蓟县独乐寺、应县木塔等宋辽时期的建筑。当时，日本学界对于中国的古代建筑有这样的断言：中国已不存在唐代的木结构建筑，要看这样的实物，只有到日本奈良去。

　　大敌当前，不少建筑无端毁坏，加之各地政府对古代建筑的不重视，导致中国连唐代以前的木结构建筑都消失了。身为建筑学家的林徽因和梁思成，看到日本建筑学家这段话悲痛不已。他们尽管一心想为建筑事业做出贡献，但有些事情终究无法凭借一己之力来完成。不过他们坚信，中国这么大，在某个角落里，说不定就有着古老而未被发现的古代建筑。

　　林徽因和梁思成走访了几大著名石窟，唯独敦煌莫高窟因通

倾我所能去坚强

行证的问题无法西行，这才作罢。但敦煌一直是梁思成想去勘测的地方，平日里不工作时，他经常阅读关于敦煌石窟的书。一天，他正读着英国人伯希和的《敦煌石窟图录》，无意中看到壁画上描绘了佛教圣地五台山的全景，并给每座寺庙都标注了名称。其中，地处五台山外围的大佛光寺，上面标注着建于唐代。这一发现让他欣喜若狂，他抱着一丝的希望查阅了《五台山志》，在这本书里找到了关于佛光寺的记载，上面写着该寺确实建于唐代。

梁思成查到五台山的信息后，开始着手五台山之旅。不过，他并不抱希望，他对徽因说，佛光寺并不在五台山的中心区，交通也不便利，香火不旺，想必寺僧贫寒，没能力修理庙宇，那么古建筑的原貌也许能侥幸地保存下来。不过，从唐代到现在，多少朝代更替，说不定寺庙早就不在了。

尽管如此，林徽因和梁思成还是决定去碰碰运气。

1937 年 6 月，林徽因、梁思成和营造法学社的莫宗江、纪玉堂一起前往山西，去五台山寻找佛光寺。

山西，他们不止来过一次，但去佛光寺却是第一次。他们进山后，发现山路太难走了，崎岖不平的小路沿着陡峻的山崖迂回前伸，小路狭窄，路另一边的悬崖让他们心惊胆战。他们在这样的路上走了两天，之后来到一个小山村——豆村。佛光寺一点点近了，它矗立在豆村的一片高坡上，徽因看到那庙宇兴奋得心怦怦直跳：谁说中国没有唐代建筑，佛光寺不就是吗？它如今完好

第七章

建筑事业：枯燥里有人生况味

无损，真是我佛慈悲。

佛光寺建于北魏时期，唐武宗灭佛的时候，佛光寺曾毁于一旦。唐宣宗继位，佛教再兴，佛光寺得以重建。

佛光寺坐东朝西，南、北、东三面群峰环抱，西面地势开阔，整座寺庙古老而庄重。寺中有一真人大小、身着便装的女性坐像，让众人感到奇怪，寺中僧人说是武后武则天的塑像。根据对佛光寺的考察与测量，他们确定这座庙宇建于晚唐，殿堂的墙上有很多壁画，由于年代久远，不少已经剥落。木构建筑，最重要的是屋顶结构，思成和助手们纷纷爬上了屋顶，惊喜地发现了古老的人字形"叉手"承脊栋——这种结构他们之前只在《营造法式》书中读到过，实物建筑还是第一次遇到，这种结构大概是中国仅存的案例了。

屋顶年久失修，蒙了上千年的尘土，思成他们戴着口罩，在灰尘中一点点测量着屋顶。在屋檩上聚集了成百上千只蝙蝠，还有以吸食蝙蝠血为生的臭虫。他们在尘土、蝙蝠、臭虫中工作，顾不得它们的骚扰，不停地测量、记录和拍照。等他们下来以后才发现，自己的身上和背包里爬满了臭虫，它们咬在身上，真是奇痒难忍。

思成他们在屋顶工作，徽因也没闲着。她的眼睛有点远视，她在下面进行测量时，隐约发现梁上的灰尘中有字迹若隐若现。等他们擦干净梁上的灰尘，隐隐约约出现了几个字："……女弟

倾我所能去坚强

子……宁公遇。"徽因想起在大殿外好像看到过类似的名字。她跑出去核实，看到经幢上刻着"佛殿主女弟子宁公遇"。原来，大殿中那尊素衣女坐像并非武后，而是这座寺庙的女施主宁公遇夫人。有了徽因大梁上字迹的发现，他们用近一天的时间，仔细擦拭着大梁上的灰尘，然后记录下来四根主梁上的全部题字。

这座具有千年历史的建筑是他们考察的最古老的建筑。除此之外，他们还在这里发现了唐代的壁画、书法、雕塑等，这是他们的额外收获，是自考察以来收获最多的一次。林徽因掩盖不住内心的喜悦，决定为这次重大发现举行庆祝仪式。

他们把带来的应急食品全部摆上，罐头、饼干、牛奶一一打开，他们举起杯中的牛奶，一起为这次考察庆祝。对于他们来说，一点点发现抵得过所有的艰辛付出。因为他们的发现，这座藏在山中无人知晓的寺庙得到了保护。临走时，思成写信给当地政府，请求他们保护好这座千年古建筑。另外，徽因还捐出了自己的家当来修筑这座寺院，希望这座寺院可以香火旺盛，这样人们才会不断修复它，让它保存得更为久远。

离开这里时，思成答应住持，他要尽最大的努力得到政府的资助，让他们先来修缮佛光寺。

离开五台山，他们再次回到了"世俗"的生活中。一路的奔波，让他们每一个人疲倦到只想在旅店休息。当思成翻阅当地的报纸时，原本疲惫不堪的他看到两行标题，顿时从床上跳了下来："我

第七章

建筑事业：枯燥里有人生况味

二十九军将士与日军在卢沟桥发生军事冲突。""七月七日——日军猛烈进攻，我平郊据点失守！"

他们在山里仅仅待了一个星期，没想到外面的世界已经发生了翻天覆地的变化。看到这条消息，他们当即决定回北京，回到家人身边，回到朋友身边，然后再想接下来到底该怎么办。

总有人抱怨命运的不公，相比战乱时代，老天待我们实在太过仁厚。我们不用担心顷刻间家产散尽、四处飘零、亲人离散……这来之不易的平静时光，我们没理由虚度浪费，更应该好好地在光阴里一点点积累自己，做更有意义的事。

或许，你会觉得掰着手指数日子太过无聊，但只有闲散的人才会数日子，那些忙碌的人只会感叹时间流逝得太快。无聊，是一个寻找理想的法门，当你觉得无聊时，便知道自己要寻找下一个目标了。

你的注意力在哪里，人生就在哪里。莫让虚度悔终生，也莫让终生一场空。

体力不支，就把时间交给书

得意时，光阴倏然而过，即使身处艰难困苦环境，只要心中欢快，时间也是转瞬即逝；失意时，则觉得度日如年，纵然身家富足，只要心情忧郁，一分钟也是难挨。人活着，应该在快乐中体会生命的美好；在度日如年的不如意里，找到属于自己的快乐方式。

林徽因的身体一直不好，每次走访古代建筑回来，总要休息一段时间。表面上她在家中静养，实则一直做着梳理的工作。梁思成出门在外考察，整理资料，为下一个考察的建筑做准备，这些工作林徽因也一直帮思成在做。

1934 年春节，《清式营造则例》一书由京城印书局印行出版了。此书装帧设计典雅，手绘的斗拱看上去十分有古意，"梁思成"三字印在了封面上。梁思成在序言里写道："内子林徽因在本书上为我分担的工作，除绪论外，自开始至脱稿以后数次的增修删改，

建筑事业：枯燥里有人生况味

在照片之摄制及选择，图版之分配上，我实指不出彼此分工区域，最后更精心校读增削。所以至少说她便是这书一半的著者才对。"

从小到大，林徽因离不开的便是书。之前，她读书学习增长见识，后来读书成了必不可少的工作。曾经有一段时间，她因为自己的身体而焦虑，她想出门考察建筑，想健健康康地坐在窗前写作，可是生病后，她只能躺在床上，细数一寸又一寸的光阴。她在《一天》诗中写：

> 今天十二个钟头，
>
> 是我十二个客人，
>
> 每一个来了，又走了，
>
> 最后夕阳拖着影子也走了！
>
> 我没有时间盘问我自己胸怀，
>
> 黄昏却蹑着脚，
>
> 好奇的偷着进来！
>
> 我说，朋友，
>
> 这次我可不对你诉说啊，
>
> 每次说了，伤我一点骄傲。
>
> 黄昏黯然，无言的走开，
>
> 孤单的，沉默的，
>
> 我投入夜的怀抱！

倾我所能去坚强

战争爆发后，林徽因心痛到极点。身为一个建筑师，看到一座又一座住宅被摧毁，一个又一个古代建筑消失在战争中，她如何能不痛呢？那时，她平时阅读的是英美建筑学期刊，特别注意收集关于住宅方面的设计。她对这些资料进行了整理，在病床上翻译整理了一篇四万多字的论文——《现代住宅设计的参考》。这篇文章刊发在李庄印行的《中国营造学社汇刊》第七卷二期上。

在李庄时，他们没水、没电、没有像样的房子，那样艰苦的岁月里，营造学社恢复了《中国营造学社汇刊》的编辑发行。他们自己动手，用药水在纸上手写石印。关于建筑平面、立体和剖面墨线图部分，他们大多也使用手绘来代替。另外，折页、装订、包装，他们也亲自参与其中，《中国营造学社汇刊》第七卷两期在抗战年代印行，每期各印发二百本，这一创举让他们在建筑学上有了新的进展。

林徽因那时卧病整整五年，但她一点儿也没闲着。除了营造学社的工作，1942年，梁思成接到委托，开始编写《中国建筑史》。林徽因为了辅助梁思成的工作，抱病阅读了二十四史，在史书中寻找点滴线索，并写了该书的五代、宋、辽、金部分，还承担了书稿的校阅和补充工作。忙碌的工作，让她的身体一天不如一天，体力的消耗，她的病情再度加重。不过，好在有这样一份"工作"，让她没有倒下，她靠着这一点儿信念，没有抱怨艰苦的生活，反而觉得很开心。梁思成在给费正清和费慰梅写信时，描述了他们

第七章

建筑事业：枯燥里有人生况味

在李庄的生活：

> ……很难向你描述也是你很难想象的：在菜油灯下，做着孩子的布鞋，购买和烹调便宜的粗食，我们过着我们父辈在他们十几岁时过的生活但又做着现代的工作。……我的薪水只够我家吃的，但我们为能过这样的好日子而很满意。我的迷人的病妻因为我们仍能不动摇地干我们的工作而感到高兴。

尽管徽因只能卧床，但依然为有工作而感到开心。那段时间她对历史入了迷，无论什么话题都能联想到遥远的朝代去。她讲起汉代的帝王将相、皇后嫔妃，像在讲述自己的邻居。她把汉代的政治、经济、礼仪习俗、服饰宴乐等与建筑壁画一起进行研究，并做了大量的笔记和摘录。研究完汉代，她又开始了其他朝代的研究，另外还不忘阅读文学类的作品。她在给费慰梅的信中写道：

> 顺便说起，我读的书种类繁多，包括《战争与和平》《通往印度之路》《狄斯累利传》《维多利亚女王》《元代宫室》（中文的）、《北京清代宫殿》《宋代堤堰及墓室建筑》《洪氏年谱》《安那托里·费朗西斯外传》《卡萨诺瓦回忆录》、莎士比亚、纪德、萨缪尔·巴特勒的《品

倾我所能去坚强

牌品牌品牌》、梁思成的手稿、小弟的作文和孩子们爱

读的《爱丽丝漫游奇境记》的中译本。

战争的爆发，让林徽因更加珍惜时间。之前，她热爱阅读文
学作品，后来为了工作，她只能将重心放在建筑学上。虽然后来
仍然写诗，但那时已完全是真情的流露。在李庄那样一个封闭的
环境里，她仍然不忘保持精神世界的完整和丰满。

身体原因，她大部分时光只能静躺或静坐。在李庄那段时光里，
她开始思考生命与战争，后来她的诗歌中，也无不带着萧索与凉意，
与之前的风格大不相同。如这首《十一月的小村》：

我想象我在轻轻的独语：

十一月的小村外是怎样个去处？

是这渺茫江边淡泊的天；

是这映红了的叶子疏疏隔着雾；

是乡愁，是这许多说不出的寂寞；

还是这条独自转折来去的山路？

是村子迷惘了，绕出一丝丝青烟；

是那白沙一片篁竹围着的茅屋？

是枯柴爆裂着灶火的声响，

是童子缩颈落叶林中的歌唱？

第七章

建筑事业：枯燥里有人生况味

是老农随着耕牛，远远过去，

还是那坡边零落在吃草的牛羊？

是什么做成这十一月的心，

十一月的灵魂又是谁的病？

山坳子叫我立住的仅是一面黄土墙；

下午透过云雾那点子太阳！

一棵野藤绊住一角老墙头，斜睨

两根青石架起的大门，倒在路旁

无论我坐着，我又走开，

我都一样心跳；我的心前

虽然烦乱，总象绕着许多云彩，

但寂寂一湾水田，这几处荒坟，

它们永说不清谁是这一切主宰

我折一根柱枝，看下午最长的日影

要等待十一月的回答微风中吹来。

林徽因是一个热爱生活，热爱工作的女子，她喜欢和大家一起工作，而不是静守在狭小的空间内拷问灵魂。在无人问津的小山村，她的家里再也没了往日的热闹与雅致，所以她只能把更多的时间交给书本，交给工作。

梁思成是一个工作狂，他受国立编译馆的委托用英文写成了

倾我所能去坚强

《图像中国建筑史》。这部书是思成的工作，但更多地融入了徽因的心血。她帮助思成润色文笔，融入深邃的哲思和审美启示。在这本书的前言中，梁思成表达了对林徽因的敬重：

> 我要感谢我的妻子、同事和旧日的同窗林徽因。二十多年来，她在我们共同的事业中不懈地贡献着力量。从在大学建筑系求学时代起，我们就互相为对方"干苦力活"，此后，在大部分的实地调查中，她又与我做伴，有过许多重要的发现，并对众多的建筑物进行过实测和草绘。近年来，她虽罹重病，却仍葆其天赋的机敏与坚毅；在战争时期的艰难日子里，营造学社的学术精神和士气得以维持，主要应归功于她。没有她的合作与启迪，无论是本书的撰写，还是我对中国建筑的任何一项研究工作，都是不能成功的。

上天给了林徽因苦难，给了她一个多病柔弱的身体，但她并没有因此而抱怨，更没有因此浪费生命。她去世后，许多人埋怨梁思成没有照顾好她，贻误病情。可是梁思成也说：我们从不后悔。

有人说，林徽因一生为情所累，事实上，情在她生命中，不过是薄薄的一页。她的一生，在梁思成写下的沉甸甸的书中，在她自己出版的诗歌中，在她读过的浩瀚如海的书里。她一世倾城，

第七章

建筑事业：枯燥里有人生况味

一世坎坷，却又一世从容自若。她是别人的方向，带领着营造学社前行，带着梁思成完成建筑上的大业；她是一颗明珠，照亮了身边的人，同时也照亮了她自己。

战争，痛了每一个人的心

张爱玲与胡兰成成婚时，他送给她一句话：但愿岁月静好，现世安稳。他的一句承诺，她当了真，她准备与他岁月静好地过日子时，他给她带来了一场战争性的灾难——他爱上了别人。从此，张爱玲远走异国他乡，深爱的萧郎成了路人。

林徽因深爱建筑与学问，本想在和平年代踏实地做出一番成就，无奈战争爆发了。在那个硝烟弥漫的年代，风花雪月、焚香读书、专注事业，已变成太过奢侈的事。张爱玲因战争几乎丧失了自己的灵魂，晚年过着孤寂的生活；林徽因因战争过着颠沛流离的生活，耽误了治疗，早早驾鹤西去。

战争，不仅摧毁了人们的身心，带来了死亡，还带来了物质匮乏、颠沛流离、提心吊胆的生活。

林徽因和梁思成在五台山，做着考察勘测的工作，五台山外

第七章

建筑事业：枯燥里有人生况味

早已烽火连天，血流成河。等他们得知日本全面发动侵华战争消息时，战争已爆发一周，只得匆匆赶回北京。刚到北京，他们就闻到了浓烈的火药味，总布胡同三号院的家门口正有士兵在挖战壕，日军飞机在天空中飞来飞去，轰鸣声从未断过。

1937年7月29日，北京沦陷，日军分三路入城。数日内，物资运不进北京，一时间蔬菜、面粉大幅度涨价，甚至严重到了有钱也买不到食物的窘地。林徽因和梁思成在这样的环境下，考虑的不是如何生存下去，而是做着关于营造学社的工作。那时，因形势紧迫，营造学社不得不临时解散，余下的工作便落到了徽因和梁思成的头上。他们为防不测，连日清点和收拾学社的资料。这些资料是他们这些年来走访的记录、测绘图稿、图片、照片等，因为资料过于宝贵，生怕落入日本人手中，于是他们决定将带不走的资料存入天津租界英国银行的保险库内。

梁思成在当时是建筑界有名的人物，日本人早已注意他很久了，他们以"东亚共荣协会"的名义给梁思成发了一个请柬，邀请他参加日本人召集的会议。他们不是卖国贼，更不可能将经年心血研究的成果报告给日本人，为了预防不测，他们决定离开北京。

平时，梁思成和林徽因经常"离开"北京，他们四处走访古代建筑，离开是一件简单的事。只要提上行囊，就能轻装上阵。如今，他们又要离开北京了，却发现原来离开如此艰难。他们在北京生活多年，家中早已积攒不少东西：先父梁启超的藏品，徽因

倾我所能去坚强

因和思成的藏书、字画、古董、信件、服装、首饰……每一件他们都难以割舍，但又不得不舍去。

在清点物品时，他们来不及伤感，离开北京已是刻不容缓的事，他们草草收拾行囊，带着年幼的儿女和徽因年迈的母亲，仓皇上路，匆匆离开了北京。他们将自己的家和这些物品交给命运，只希望有一天能平安归来。只是，他们没能想到，当他们走出总布胡同三号时，此生再也没有机会回到这里，"太太的客厅"在战争中永久地落下了帷幕。

连日的劳累，徽因和思成的身体严重出现了问题。在离京前，他们一同去协和医院做了检查，徽因肺部有空洞，感冒或者其他意想不到的小病，都有可能引发严重的后果。而思成则被诊断为脊椎软组织硬化症，医生给他做了一副铁架子，套在衣服里用以支撑脊椎。

顾不得这么多了，即使身体承受着巨大的痛苦也要离开。从此，一家五口踏上了漫长的逃亡之路，这一逃，就逃了九年。徽因在给朋友写的信中说："从卢沟桥事变到现在，我们把中国所有的铁路都走了一段！……从天津到长沙共计上下舟车十六次，进出旅店十二次，为的是回到自己的后方。"

长沙是他们逃亡的第一个落脚点，朋友金岳霖、张奚若、陈岱孙等也从北京来到了这里。由于逃亡的人太多，他们到来时，长沙已没有像样的房子居住。在朋友的帮助下，他们租到了一户

建筑事业：枯燥里有人生况味

人家楼上的三间小屋。生活刚刚尘埃落定，徽因的母亲就病倒了。徽因原本已是病人，但为了照顾母亲和孩子，不得不操持起家务来。在这样艰苦的情形下，他们还和朋友跃跃欲试，想做一些抗战工作。但因他们势单力薄，只能在教育和组织上发着牢骚，根本没办法助抗战一臂之力。

10月以后，长沙的天气阴雨连绵。因天气的原因，徽因闹起了肚子，她的心情坏透了，做起家务也颇感劳累。梁思成的弟弟梁思永也来到了长沙，没多久，思永供职的中央研究院历史语言研究所要迁往昆明，思成为了营造学社的前途，也有了去昆明的打算。

徽因身体不好，经受不起长途跋涉，他们纠结到底要不要去昆明。而且就算要走的话，路费也是问题。他们没有收入，带着之前的积蓄生活到现在已是不易，实在不知道去了昆明还能不能保住现有的生活质量。

最后，徽因和思成决定，思永先走，等他安顿下来后，他们再做决定也不迟。平静的日子安稳地过着，他们以为自己有选择，谁知，战争在长沙爆发了。巨大的轰鸣声响彻天空，远处近处突然响起了震耳欲聋的爆炸声，顷刻间，炸弹所落之处夷为平地。

爆炸声连绵不绝，滚滚黑烟弥漫长沙街头，人们哀号着，痛哭着……硝烟散去，惊魂未定的徽因从废墟中扒出了所剩无几的家当。徽因在回忆长沙受难的一幕时说："长沙第一次遭到空袭时，

倾我所能去坚强

我们的住宅差不多是直接被一颗命中。落在离住宅大门十五码的地方，我们在这所住宅有三间房子，作为我们临时的家。当时我们都在家——外婆、两个孩子、思成和我。两个孩子都有病躺在床上。谁也不知道我们是怎样逃脱被炸成碎片的厄运的。当我们听见先扔下来离我们较远的两颗的可怕炸裂和轰鸣声以后冲下楼梯时，我们的房子已经垮了。出于奇特的本能，我们两人一人抓起一个孩子就奔向楼梯。但我们还没有到达地面，近处那颗就响了。我抱着小弟被炸飞了又摔到地上，却没有受伤。同时房子就开始裂开，那大部分是玻璃的门窗啦、房顶啦、天花板啦，全都倒下，像雨点般落在我们身上。我们从旁门冲出去，到了黑烟呛人的街上。……"

失去家的徽因和思成没了住处，只能去朋友张奚若家借宿。徽因在朋友家住下后，跟朋友说："为这可爱的老国家带着血活着，或流着血或不流血地死去，都觉得荣耀。"

徽因和她的朋友们，都有着这样的信念。她在《彼此》中写道：

信仰坐在我们中间多少时候了，你我可曾察觉到？信仰所给予我们的力量不也正是那坚忍韧性的倔强？我们都相信，我们只要都为它忠贞地活着或死去，我们的国家自会永远地向前迈进，由一个时代到又一个时代。我们在这生是如此艰难，死是这样容易的时候，彼此仍会微笑点头的缘故也就在这里吧？……

第七章

建筑事业：枯燥里有人生况味

徽因是坚强的，经历了炸弹从身体呼啸而过，心中依然有信仰，认为流血或不流血都是种荣耀。她拖着带病的身躯，在战争中保持着微笑，在苦难中坚忍地做着学问。在她看来，这一切都没什么，只要自己没有倒下，国家还做斗争，就有希望。

林徽因与梁思成去了昆明，依然在条件艰苦的小山村讨着生活。她坚强地面对这一切，甚至认为生的希望胜过被炸弹击中。直到徽因的三弟林恒在保卫成都空战中牺牲，徽因的心才彻底被刺痛了。她可以不顾及自己的生死，甚至不怕自己流血牺牲，但她却害怕亲人的离世。那时，徽因身体极为脆弱，根本承受不起三弟离世的打击。思成瞒着她偷偷地去四川处理林恒的后事，直到三年后的某一天，徽因才知道三弟离世的消息，这迟来的消息，让她肝肠寸断。她写了《哭三弟恒》，以悼念那些和林恒一样为国家牺牲的年轻飞行员：

> 弟弟，我没有适合时代的语言
> 来哀悼你的死；
> 它是时代向你的要求，
> 简单的，你给了。
> 这冷酷简单的壮烈是时代的诗
> 这沉默的光荣是你。

倾我所能去坚强

假使在这不可免的真实上
多给了悲哀，我想呼喊，
那是——你自己也明了——
因为你走得太早，
太早了，弟弟，难为你的英勇，
机械的落伍，你的机会太惨！

三年了，你阵亡在成都上空，
这三年的时间所做成的不同，
如果我向你说来，你别悲伤，
因为多半不是我们老国，
而是他人在时代中辗动，
我们灵魂流血，炸成了窟窿。

我们已有了盟友、物资同军火，
正是你所曾经希望过。
我记得，记得当时我怎样同你
讨论又讨论，点算又点算，
每一天你是那样耐性的等着，
每天却空的过去，慢得像骆驼！

第七章

建筑事业：枯燥里有人生况味

现在驱逐机已非当日你最理想

驾驶的"老鹰式七五"那样——

那样笨，那样慢，啊，弟弟不要伤心，

你已做到你们所能做的，

别说是谁误了你，是时代无法衡量，

中国还要上前，黑夜在等天亮。

弟弟，我已用这许多不美丽的言语

算是诗来追悼你，

要相信我的心多苦，喉咙多哑，

你永不会回来了，我知道，

青年的热血做了科学的代替；

中国的悲怆永沉在我的心底。

啊，你别难过，难过了我给不出安慰。

我曾每日那样想过了几回：

你已给了你所有的，同你去的弟兄

也是一样，献出你们的生命；

已有的年轻一切；将来还有的机会，

可能的壮年工作，老年的智慧；

倾我所能去坚强

可能的情爱，家庭，儿女，及那所有
生的权利，喜悦；及生的纠纷！
你们给的真多，都为了谁？你相信
今后中国多少人的幸福要在
你的前头，比自己要紧；那不朽
中国的历史，还需要在世上永久。

你相信，你也做了，最后一切你交出。
我既完全明白，为何我还为着你哭？
只因你是个孩子却没有留什么给自己，
小时我盼着你的幸福，战时你的安全，
今天你没有儿女牵挂需要抚恤同安慰，
而万千国人像已忘掉，你死是为了谁！

　　风和雨的夜晚终将会结束，我们会记住那份永不落幕的辉煌。

　　战争，让多少家庭妻离子散，多少人像林恒一样为了国家做出牺牲。林徽因觉得骄傲，但也难掩心痛，更让她心痛的是国家命运，她无力挽回。这漫长的等待，不知道要到什么时候，她整日以泪洗面，让原本抱病的身体，更加脆弱不堪了。但是，无法改变的事，她又能怎么办呢？她想起了公公梁启超的话："失望

第七章

建筑事业：枯燥里有人生况味

和沮丧，是我们生命中最恐怖之敌，我们应该终身不许它侵入。"

既然无法改变，就去改变自己吧。让自己在悲痛中，学会驱赶失望和沮丧，还有那深入骨髓的绝望……命运是什么？就是一次又一次的修行，把这颗心修得强大，修得不向命运低头，最终获得涅槃。

第八章

风华绝代：愿与苦难同行

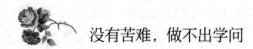

没有苦难，做不出学问

许多伟大的著作都是在苦难中完成的。史铁生在轮椅上创作，路遥在疾病中完成了《平凡的世界》……因为苦难，他们不知道意外和明天哪一个先来，于是变得珍惜时间，每一分每一秒都在专注地做着属于自己的事业。假如没有苦难，便有了来日方长的心理，对于做学问和事业的心反而不那么热切了。

离开北京前，徽因和梁思成在协和医院做了检查，徽因的肺部有了大洞，医生希望她能休息三年。当时情况紧急，为了不让思成和家人担心，徽因在医生开出的病例单上将三年，改为了三个月。

思成认为三个月没什么，只要安顿下来，即刻休息便可。谁知去了长沙后，生活并非像在北京那样平静美好。在长沙，梁思成依然做着营造学社的工作，希望为建筑事业尽自己最大的努力。

倾我所能去坚强

学社没有收入,他们靠之前的积蓄生活。徽因一直瞒着思成自己的病情,同他一直梳理着学社的工作。直到他们去了昆明,生活才逐渐安定下来。

到了昆明以后,思成立刻病倒了。长途跋涉的辛劳,让他的脊椎病发作,痛得彻夜难眠。因为生病,他的扁桃体生了脓毒,医生建议切除扁桃体。可是,切除以后,又引发了牙周炎,牙齿痛得他吃不下任何东西,于是,医生建议将牙齿全部拔掉。半年多的时间里,思成与病魔做着斗争,医生怕他对止痛药物产生依赖,希望他做些手工转移注意力。那时,思成学会了织补,家人的衣物破了全由他来做针线活。

思成突然倒下,一切家务劳动全部落到了徽因头上。买菜、洗衣、做饭、辅导孩子作业,全部由她操劳。当初,徽因和思成之所以来昆明,是为了继续营造学社的工作,如今条件艰苦,没有经费,没有图书资料和基础设备,他们的工作怎么努力都无法支撑起来。为了维持生计,徽因接受了云南大学为学生补习英语的工作。徽因每星期为学生上六节课,课虽不多,但却需要翻四个坡,在路上花费不少的时间。昆明海拔高,徽因又有肺疾,长时间的劳累让她感到胸闷气短,乏累无力。

梁思成的身体一天天硬朗起来,他一门心思做学社的工作,开始为重建营造学社而努力。他向中美庚款基金会申请基金,渴望得到补助和支持,但一个人的学社不算学社,基金会董事周诒

第八章

风华绝代：愿与苦难同行

春回他说，如果学社的另一位骨干成员刘敦桢和梁思成在一起，就承认学社的存在，才可以考虑支持与补助的问题。为了这份工作，学社的成员在昆明相聚了，莫宗江、陈明达、刘致平和刘敦桢全部来到了昆明。此后，一行人等开始了考察的工作，徽因和刘致平负责在学社整理相关资料，思成和其他人等负责出门考察，就这样学社又开始运转了起来。1940 年春节前夕，思成在外考察六个月，终于返程回到了昆明。

后来，因为战争他们离开了昆明，去了李庄，在更加艰苦的条件下，完成了《中国建筑史》的出版发行，以及《中国营造学社汇刊》的二百本印发。那时，徽因在给费慰梅的信中说："使我烦心的事比以前有些恶化，尤其是膀胱部位的剧痛，可能已经很严重。"可她没有因痛就放弃写作，她写作的民居建筑方面的文章，还是如期发表在了《汇刊》第七卷第二期上。

费慰梅收到徽因的信，搭乘江陵的小火轮，去李庄看她。他们简直无法相信，病榻上瘦骨嶙峋的林徽因是"太太的客厅"里的林徽因。费正清和费慰梅夫妇劝她放弃在建筑学上的坚持，并希望出资带她去美国治病。徽因感动朋友的关怀，但还是笑着拒绝了。《中国建筑史》是她毕生的心血，她不可能为了身体放弃自己的坚持。为了这本书，徽因拖着病体残躯，终日伏在打字机前，忙着修订与创作。那时，她的病情十分严重，常常大口大口地吐血，思成的脊椎也痛得身体变形歪斜，他写作时甚至需要用塑料瓶来

倾我所能去坚强

支撑着下巴，以此来缓解腰部力量，减轻病痛的折磨。

他们在用自己的力量尽着最后一丝的努力，他们总是认为，只要熬过这一关，一切都会好起来。在那段艰难的日子里，林徽因和梁思成约定，只要他们将《中国建筑史》完成了，便去重庆看病，随后赶往昆明与好友团聚，好好地放松身心。等他们完成这本著作，徽因休息下来以后，身体并没有得到好转，反而更加严重了。在一家教会的医院里，医生躲开徽因，偷偷地跟梁思成说："现在来已经太晚了，林女士的肺部已经成了空洞，无法医治了。"

真是一个晴天霹雳的消息，梁思成怎么也不敢相信，他们的最后一丝努力，竟然让她丢掉了性命。可是，后悔晚矣。不过，徽因从来没有后悔过，她知道自己的病情越来越严重，知道自己需要休息三年，却偏偏改为三个月，一切她都知道。正因为知道自己来日不多，便用所剩不多的心血，为建筑学做着最后的努力。

阅读、写作、研究滋养了徽因的灵魂，她靠着信念与意志坚强地做完了应该做的事。在"活下来"与"做下去"的选择中，她选择了"做下去"。活下来，真的不重要吗？身体医治好了，她有大把的时间做学问，这难道不是一件两全其美的事吗？

不是的，医生能医治她的身体，却无法医治国家的"身体"，她不知道哪一天自己会在战争中死去，不知道下一颗炸弹投来时，她能否逃命。为此，她只有先做下去，除此之外别无选择。

后来，北京和平解放，徽因和思成让女儿梁再冰和张奚若的

风华绝代：愿与苦难同行

女儿张文英一起参加南下工作团。那时，她命不久矣，明知道女儿此次前行，很可能是与女儿的最后一面，但为了支持国家的工作，她依然坚持让女儿参加共产党领导的工作。在家国天下面前，她没有自己，只有大义。

着一袭白袍，焚香插花，在窗前写作的女子是林徽因；在破旧的小山村，点灯熬夜，一边咳嗽一边打字的女子，也是林徽因；在香山，她有舒适的家，有朋友，有书有诗有欢笑；在李庄，没有医院，没有抗生素，没有朋友，有的只是身体上的病痛折磨……

她不是娇滴滴的女子，亦不是生命脆弱的女子，她瘦小的身躯里，有着他人无法企及的生命能量，她用这些能量谱写着自己的诗歌，终成一代才女。哦不！终成一位有社会责任感的建筑学家。

昆明的平静生活

　　在硝烟弥漫的战争年代，片刻的安宁已成为奢侈的事。生活的安稳，无法抑制内心巨大的恐惧，人们永远没办法知道，下一刻会发生什么。人只有经历了生死考验，才会懂得时间的宝贵，生命的不易。

　　1938 年 1 月，林徽因和梁思成为了避难，从长沙来到了昆明。昆明纯蓝的天，悠闲的白云，以及明亮温暖的太阳，并没有让林徽因一家高兴起来。他们一路长途跋涉，劳累困顿，到达这四季如春的昆明后，几乎全都病倒了。

　　抗战以后，昆明涌来大批内地人，给这座城市带来了巨大的变化。一时间，房子十分紧张，他们只得暂时租住在一户姓黄的人家中。这里虽然条件不够完善，好在远离硝烟，听不到炮火轰炸的声音。

第八章

风华绝代：愿与苦难同行

他们刚刚住下，思成便旧疾复发，家庭生计的重担落在了徽因的头上。她为大学生补习英文，操持家务，照顾一家老小。日子虽然辛苦，但徽因他们一家能平静地生活，她依然是开心的。当下，没有什么比安稳地过日子更重要的事了。

徽因在云南大学为学生补课，每个月有 40 元的薪水。领到薪水的第一天，她很想为自己买一顶帽子，那时她因为生病，时常头疼，加上上课的地方很远，虚弱的身体总是着凉。她还想为孩子买双合脚的鞋子，孩子正在长身体，之前的鞋子已经小了。她还想交房租，另外，家里很久没有吃过一顿像样的饭了……她心里盘算着买什么，无意中看到了一家文具店，她的心激动起来。

这些天，思成在病床上，常常提起重建营造学社的事，目前他们连考察的基础工具都没有。为了支持思成的工作，徽因想也没想，便走进了文具店。她花 23 元买了一卷皮尺，虽然花了她半个多月的薪水，但她一点儿也不心疼，她甚至想着，思成见到了这卷皮尺，不知道该有多高兴。

没多久，张奚若、赵元任、陈寅恪、金岳霖、沈从文、萧乾等人，都来到了昆明。徽因一家和他们住得很近，朋友们接二连三的拜访让他们一家的生活重又有了色彩。国难当头，兵荒马乱，朋友们还能相聚在一起，真是老天眷顾。徽因在给友人的信中写道："我喜欢听老金和奚若笑，这在某种程度上帮助我忍受这场战争。这说明我们毕竟还是一类人。"

倾我所能去坚强

金岳霖再见林徽因自然很高兴，他在给费正清的信中，这样写林徽因："……仍然是那么迷人、活泼、富于表情和光彩照人——我简直想不出更多的话来形容她。唯一的区别是她不再很有机会滔滔不绝地讲话和笑，因为在国家目前的情况下实在没有多少可以讲述和欢笑的。"

有了朋友相聚，一切又仿佛回到了在北京的那段时光。林徽因的心情和精神都逐渐好了起来，接着身体也比之前好了不少。那时，她又有了创作诗歌的欲望，不过，此时她的文字风格已从诗意偏向记事，如《除夕看花》《茶铺》《小楼》《对残枝》《对北门街园子》等。

茶铺

这是立体的构画，
描在这里许多样脸
在顺城脚的茶铺里
隐隐起喧腾声一片。
各种的姿势，生活
刻画着不同方面：
茶座上全坐满了，笑的，
皱眉的，有的抽着旱烟，

第八章

风华绝代：愿与苦难同行

老的，慈祥的面纹，

年轻的，灵活的眼睛，

都暂要时间在茶杯上

停住，不再去扰乱心情！

一天一整串辛苦，

此刻才赚回小把安静，

夜晚回家，还有远路，

白天，谁有工夫闲看云影？

不都为着真的口渴

四面窗开着，喝茶，

跷起膝盖的是疲乏，

赤着臂膀好同乡邻闲话。

也为了放下扁担同肩背

向运命喘息，倚着墙，

每晚靠这一碗茶的生趣

幽默估量生的短长……

这是立体的构画，

设色在小生活旁边，

荫凉南瓜棚下茶铺，

热闹照样的又过了一天！

倾我所能去坚强

平静的小镇，安静的生活，好消息一个又一个传来，徽因和思成开心极了。一个好消息是，因报道不实信息被停刊的《大公报》复刊了，萧乾接到胡霖从香港发来的电报，邀请他去香港帮忙，支持刊物重新发行；另一个好消息是，世界建筑学权威期刊《笔尖》发表了思成关于赵州石桥的研究论文。该论文是思成研究拱桥时写下的，离开北京时，他把这篇论文的英文版寄给了费慰梅。费慰梅又把这份手稿给了美国麻省理工学院建筑系主任威廉·爱默生。爱默生一直研究关于拱桥的建筑，看到思成的论文，了解到中国的拱桥建筑比欧洲早十个世纪。他把这个重大发现报告给了《笔尖》杂志，于是梁思成的论文发表了，并得到了世界建筑学界的认可，从此他恢复了与世界建筑学的交流和联系，让他在建筑学的造诣更深了。

营造学社恢复后，为了让更多人安顿下来，他们又搬到了龙泉镇龙头村。西南联大许多教授，纷纷选择在这里盖房子，一是为了躲避频繁的空袭；二是为了解决住房问题。梁思成思来想去，决定也在这个地方盖一所房子，既为省去租房的费用，又因为梁家人口众多，总要有一个安身立命的地方。他们是设计师，又是建筑学家，盖房子是他们最为擅长的。如今要盖一所自己的房子，这是他们从来没有想过的。林徽因对盖房子很有兴趣，但因为手头拮据，实在拿不出太多钱来。但为了实现理想，他们几乎花费了所有的积蓄，还欠了不少外债，才将一所三居室加一间厨房盖好。

第八章

风华绝代：愿与苦难同行

她在给友人的信中提道："我们正在一个新建的农舍里安下家来。它位于昆明东北八公里处的一个小村边上。风景优美而没有军事目标……出人意料地，这所房子花了比原先告诉我们的三倍价钱，所以把我们原来就不多的积蓄都耗尽了，使思成处在一种可笑的窘迫之中……以至于最后不得不为争取每一块木板、每一块砖，乃至每一根钉子而奋斗……"

来到农村，生活不像在昆明那样方便。这里没电、没有自来水、没有交通工具，水要自己打，做饭要自己劈柴烧火，照明用的菜油灯很贵，他们连照明也舍不得，天黑以后便早早睡去。那时，生活安定了，思成整日带着学社成员在外考察，家里的大小事宜再次落到徽因肩上。

物价飞快上涨，通货膨胀让一袋三四元的大米，涨到了百元。他们手里的钱，每一分每一秒都在贬值，为了能吃饱饭，徽因不得不做体力活。生活原来窘迫，谁知更加窘迫的事情来了。

他们的房子刚建好没多久，西南联大教授们听说联大和所有昆明的研究所都要迁往四川。这个消息让徽因变得愁眉不展，他们盖房子的欠款还没有还完，就要舍弃新建的家搬往四川，她自然舍不得。更令她难过的是，如何搬，又如何应付搬迁的开支，以及搬迁后的生活又是什么样的。

徽因不知道怎么办，她即使有天才般的头脑，也无法应付当下的困境。正当她心乱如麻时，老金给徽因送来了费正清和费慰

倾我所能去坚强

梅的信，借着拆信的工夫，老金谎称自己有100元美金，想借给徽因，让他们先还债，再想搬迁的事。

徽因一愣，以为他有稿费收入，多次盘问才知道，原来这笔费用是费正清和费慰梅夫妇的救济。他们怕徽因有负担，才让老金撒谎。只是，老金为人正直，并不擅长撒谎，让徽因拆穿了这善意的谎言。

林徽因拿到这笔钱，情不自禁地泪如雨下，她的朋友们，对她有一份超过友谊的深情，这情谊让她感动。在贫困不堪、疾病与战争的生活里，她几乎要失去信心，但朋友的支持让她重燃希望，她不能倒下。

还掉债务后，思成和学社的成员们回来了。半年之行，他们收获颇丰。他们以为，能在龙泉镇忙完接下来的梳理工作，令人难过的是，日本人来了，人们每天都要跑警报，往四川去已成定局。

徽因在给费慰梅的信中说：

……我不是一个老往后看的人，即便这样我现在也总是想家，而我们现在要到四川去了！那会不会又是两三年的事呢？时间好像在拖延。

轰炸越来越厉害了，但是不必担心，我们没有问题。我们逃脱的机会比真的被击中的机会要多。我们只是觉得麻木了，但对可能的情况也保持着警惕。日本鬼子的

第八章

风华绝代：愿与苦难同行

轰炸和歼击机的扫射都像是一阵暴雨，你只能咬紧牙关挺过去，在头顶还是在远处都一个样，有一种让人呕吐的感觉。

可怜的老金每天早晨在城里有课，常常要在早上五点半从这个村子出发，而还没来得及上课空袭就开始了，然后就得跟着一群人奔向另一个方向的另一座城门、另一座小山，直到下午五点半，再绕许多路走回这个村子。一整天没吃、没喝、没工作、没休息，什么都没有！这就是生活。

再平静的生活，战争的阴影仍然笼罩着一切。他们不知道明天在哪里，不知道下一顿食物在哪里，唯一能确定的是，现在还活着，并且只能咬牙活下去。这段时期的林徽因生活极苦，为了支持思成的工作，她拖着带病的身体照顾全家。她没有怨言，只希望能平静地生活下去，只是连这点儿愿望也变成了奢望。

战争就是用来破坏平静的，也是用来摧毁生命的，林徽因靠着坚强的意志没向现实屈服。刚到昆明时，她和思成与机构联系过，希望参加抗战工作，无论做什么都可以。只是，他们的要求没有得到任何反馈，才又将心思放到了营造学社上。大敌当前，个人算得了什么？她不是舍不出去，也不是贪生怕死，只是她一个女人，能做得了什么？梁从诫在《回忆我的母亲林徽因》中写道："因

倾我所能去坚强

为这些飞行员的亲人在敌占区，他们阵亡后，私人遗物便寄到我家。每次母亲都要哭一场。"

做不了什么，大概只有哭一哭了。林徽因哭的不仅仅是这些战死的年轻的生命，还有她对于国家和自己的无能为力。就像她不得不去四川，不管她多么不愿意，多么不舍，都没得选。1940年12月，中央研究院决定搬迁到四川省南溪县李庄，营造学社跟随研究院一起搬迁到了那个不知名的小村庄里。李庄的生活又将怎样？一切都是未知的，就像徽因的生命与未来，一样充满未知。可是又能怎样，在命运的洪流中，只能过好当下。

大小姐，也要经历磨难

　　无意中看到一句很负能量的话："不要年纪轻轻，就觉得自己进入了人生低谷，你还有很大的下降空间。"猛然一看，这话简直说到了心坎里。是啊，我们总以为已经遭遇了人生低谷，谁知后面还有更大的坑。不过细品会发现，人生没有低谷也便没了张力。我们无法阻止低谷的到来，但我们可以学会在低谷中拓展人生的宽度，了悟人生的真理。只有将低谷坐穿，才能获得向上弹跳的力量；只有尝尽苦难，才能品出回甘。或许，你会在低谷时抱怨命运的不公，但除了跳出坑洞外你别无选择。最怕你身在低谷，还自甘堕落，那样就算神仙也救不了你。

　　林徽因以为昆明的日子够苦了，但命运并没就此罢手，而是把她送到了更艰苦的环境——李庄。

　　李庄是一个依山临水的小村庄。他们住在一所农舍里，这里

倾我所能去坚强

有几间简单的平房，还有一个大院子。村子里的人过着原始的生活，茅屋、牛棚、耕田……相比之前的环境，这里必须亲自耕种才能换来衣食。

四川气候潮湿，秋冬时节阴雨连绵，在一路辛苦的奔波中，林徽因病倒了。与以往身体虚弱不同，她旧疾复发，高烧不退，而这里没有任何医疗条件，思成为徽因去重庆买药，即使用最快的速度，也要三天才能回来。

这里交通不便，相对闭塞，也正因如此，日军打不到这里来。不过，这样的环境找不到大夫，根本无法医治徽因的身体。为了让徽因的身体好起来，思成亲自学起了护理方法，当起了护士，为她输液、打针，并用蒸锅为那些器皿消毒。

他们刚刚到达这里，没有食用的粮食，必须去外面购买食物维持生计。通货膨胀让中国的经济陷入瘫痪，思成每月领到的薪水，刚刚拿到手，就被贬去十分之九。为了照顾林徽因和家人，他必须向弟弟伸出求助之手，而这些钱也大部分用于买药，或给徽因买营养品了。梁再冰回忆那段生活时说："四川气候潮湿，冬季常阴雨绵绵，夏季酷热，对父亲和母亲的身体都很不利。我们的生活条件比在昆明时更差了。两间陋室低矮、阴暗、潮湿，竹篾抹泥为墙，顶上席棚是蛇鼠经常出没的地方，床上又常出现成群结队的臭虫，没有自来水和电灯，煤油也须节约使用，夜间只能靠一两盏菜油灯照明。

第八章

风华绝代：愿与苦难同行

"我们入川后不到一个月，母亲肺结核症复发，病势来得极猛，一开始就连续几周高烧至四十度不退。李庄没有任何医疗条件，不可能进行肺部透视检查，当时也没有肺病特效药，病人只能凭体力慢慢煎熬。从此，母亲就卧床不起了。尽管她稍好时还奋力持家和协助父亲做研究工作，但身体日益衰弱，父亲的生活担子因而加重。

"更使父亲伤脑筋的是，此时营造学社没有固定经费，他无奈只得年年到重庆向'教育部'请求资助，但'乞讨'所得无几，很快地就会为通货膨胀所抵销。抗战后期物价上涨如脱缰之马，父亲每月薪金到手后如不立即去买油买米，则会迅速化为废纸一堆。食品愈来愈贵，我们的饭食也就愈来愈差。母亲吃得很少，身体日渐消瘦，后来几乎不成人形。

"为了略微变换伙食花样，父亲在工作之余不得不学习蒸馒头、煮饭、做菜、腌菜和用橘皮做果酱等。家中实在无钱可用时，父亲只得到宜宾委托商行去当卖衣物，把派克钢笔、手表等'贵重物品'都'吃'掉了。父亲还常开玩笑地说：把这只表'红烧'了吧！这件衣服可以'清炖'吗？"

原本家庭已经足够不幸，没多久，他们的事业也迎来了严重的打击。离京前，徽因和思成将多年来搜集整理的资料存放在了天津英租界的英资银行地下保险库内。1939年的夏天，天津遭遇了百年难遇的大暴雨，整个城市瞬间被洪水淹没，雨水灌入了地

倾我所能去坚强

下保险库，他们辛苦考察的资料毁于一旦。

这场突如其来的打击，两年后终于传到徽因和思成的耳朵里，一时间他们被击垮了，没了那些资料，他们日后的工作又该怎么办呢？徽因哭完，鼓励思成继续努力下去，为了防止剩余的资料被破坏，他们必须加快步伐，全力以赴地赶写《中国建筑史》。

无数个漆黑的夜晚，徽因和思成拖着病重的身体，熬夜修改、校订、整理。他们不是用时间在写书，而是用生命在书写。徽因没时间考虑身体问题，必须坚强地熬下去。徽因身体越来越差，越来越消瘦，费慰梅得知徽因病得很严重后，决定来李庄看她。当费慰梅看到病床上瘦得不成人形的徽因时，眼泪顿时流了下来。后来，费正清在《费正清对华回忆录》里记下了徽因在李庄的情况："……徽因非常消瘦，但在我做客期间，她还是显得生气勃勃，像以前一样，凡事都由她来管，别人还没有想到的事，她都先行想到了。每次进餐，都吃得很慢；餐后我们开始聊天，趣味盎然，兴致勃勃，徽因最为健谈。傍晚五时半便点起了蜡烛，或是类似植物油灯一类的灯具，这样，八时半就上床了。没有电话，仅有一架留声机和几张贝多芬、莫扎特的音乐唱片；有热水瓶而无咖啡；有许多毛衣但多半不合身；有床单但缺少洗涤用的肥皂；有钢笔、铅笔但没有供书写的纸张；有报纸但都是过时的。你在这里生活，其日常生活就像在墙壁上挖一个洞，拿到什么用什么，别的一无所想，结果便是过着一种听凭造化的生活。

第八章

风华绝代：愿与苦难同行

"我逗留了一个星期，其中不少时间是由于严寒而躺在床上。我为我的朋友们继续从事学术研究工作所表现出来的坚韧不拔的精神而深受感动。依我设想，如果美国人处在此种境遇，也许早就抛弃书本，另谋门道，改善生活去了。但是这个曾经接受过高度训练的中国知识界，一面接受了原始纯朴的农民生活，一面继续致力于他们的学术研究事业。学者所承担的社会职责，已根深蒂固地渗透在社会结构和对个人前途的期望中间。如果我的朋友们打破这种观念，为了改善生活而用业余时间去做木工、泥水匠或铅管工，他们就会搞乱社会秩序，很快会丧失社会地位，即使不被人辱骂，也会成为人们非议的对象。"

在费正清看来，徽因和思成持续工作，抱着书本做学问研究，不过是为了不丧失社会地位。但在徽因和思成看来，他们则是想为国家做出贡献。后来，他们有机会去美国讲学，既能过优渥的生活又能拥有社会地位，但他们却拒绝了。所以健吾听了这事激动地说："她是林长民的女公子，梁启超的儿媳。其后，美国聘请他们夫妻去讲学，他们拒绝了，理由是应该留在祖国吃苦。"

中国人的气节和对于国家的依恋，是外国人所不能理解的。徽因和思成从小接受的是伯夷和叔齐宁死不食周粟式的教育。对于他们来说，死没什么，吃苦也没什么，重要的是社会责任和风骨。

徽因和思成一点点地熬着，等着触底反弹的机会。1944年，反法西斯战争出现了转折，美国对日本本土进行大规模轰炸，中

倾我所能去坚强

国的抗日战争也由防御转为进攻。1945 年 8 月 15 日正午，日本天皇宣布无条件投降，从此这场战争彻底画上了句号。

得到这个消息，徽因开心极了，说什么也要下床，甚至想去镇上的茶馆庆祝。费慰梅从国外为徽因带来了治疗肺病的药，他们在重庆等着她，期望她去医院检查治疗。

五年来，徽因第一次离开李庄，尽管她不能过多走动，只能在招待所待着，但内心仍然是开心的、欣喜的。阳极必阴，阴极必升阳，她在人生最艰难的低谷中等着胜利，等着机会，令人欣慰的是，她等到了。

1946 年 2 月，徽因的身体好了大半，他们决去启程飞往昆明，看望他们的老友。对于她的兴奋，她在给费慰梅的信中，表现得淋漓尽致：

这次重逢所带来给我的由衷的喜悦，甚至超过了我一个人在李庄时最大的奢望。我们用了十一天，才把在昆明和在李庄这种特殊境遇下大家生活中的各种琐碎的情况弄清楚，以便现在在我这里相聚的朋友的谈话能进行下去。但是那种使我们相互沟通的深切的爱和理解却比所有的人所预期的都更快地重建起来。两天左右，我们就完全知道了每个人的感情和学术近况。我们自由地讨论着对国家的政治形势、家庭经济、战争中沉浮的人

第八章

风华绝代：愿与苦难同行

物和团队，很容易理解彼此对那些事为什么会有那样的
感觉和想法。即使谈话漫无边际，几个人之间也情投意合，
充溢着相互信任的暖流，在这个多事之秋的突然相聚，
又使大家满怀感激和兴奋……

八年过去了，徽因和思成苍老了许多，他们再不是北京总布
胡同里的少爷和少奶奶。林徽因曾是名门闺秀，是风华绝代的佳人，
是留洋回来的名媛……可是，她的后半生从没过过一天大小姐的日
子，她甚至比常人承受着更多折磨。这段岁月，磨平了他们身上所
有脆弱的部分。他们变得坚强了，同时懂得了无论在多么困苦的环
境中，都不要放弃自己的理想。爱情与面包，就选择爱情；理想与
现实，就选择理想。触底才能反弹，因此没必要害怕把自己丢出去。
一无所有的时候，才能一无所惧，更何况，他们并非一无所有，而
是拖家带口，身肩重任，但他们仍然一无所惧。

理想与现实，向来不是值得纠结的问题，你之所以纠结在两
者之间，不过是因为理想不重要。假如，理想胜过一切，也便愿
意承受生活的苦难了。徽因和思成这长达八年的苦，是他们主动
选择的。他们明明可以留在昆明，与朋友一起生活，但他们还是
选择去四川吃苦。好在，一切苦尽甘来，所有的心血都没白费。
抗战胜利了，他们成功了，苦过后，就是该品尝甜的时候了。

为了学问，耗尽最后一丝气力

忘记在哪里看到过一句话：如果年轻人把谈恋爱的劲头放到事业上，没什么是不能成就的。而多数人之所以没有成就，不过是把劲头放错了地方。其实，人人都有成功的潜质，就像人人都有一股"食不下咽，夜不能寐"的劲儿。与其在毫无意义的娱乐上消耗时间，不如将时间利用起来，哪怕只有一点点，日积月累，也能在某领域有所建树。

从 1930 年至 1945 年，梁思成和林徽因夫妇二人共同走访了中国 15 个省，190 多个县，考察测绘了 2738 处古代建筑，不少建筑因他们的考察得到了全国乃至世界的认识，在建筑史上做出了极大的贡献。河北赵州大石桥、武义延福寺、山西应县木塔、五台山佛光寺等，因他们的考察得到了应有的保护和重视，同时他们也破解了中国古代建筑结构的奥秘，完成了对《营造法式》这

风华绝代：愿与苦难同行

部古书的解读。

梁思成的成功离不开林徽因，他大部分著作，多数是徽因在世时完成。在那样艰苦的岁月里，林徽因一面与生活抗争，一面与身体抗争，最终完成了在建筑上的成就。在她心里，一直有一股劲儿，是这股未完成的心愿，支撑着她渡过了一个又一个难关。如今，抗战胜利了，她的好日子总算要来了，但她的生命却在磨难中，消耗得只剩下最后一丝气力。

林徽因和梁思成回到北京后，梁思成被聘为清华大学建筑系主任，他们一家也由此搬进了清华园新林院 8 号。这是清华的教授楼，与老金和几位朋友离得很近。一切尚未就绪，思成就收到了教育部和清华大学委派他赴美考察战后美国建筑教育的任务。同时，他还收到了耶鲁大学和普林斯顿大学的邀请函，耶鲁大学希望他以教授的身份到纽约讲授中国建筑和艺术的课程，普林斯顿大学则是邀请他参加"远东文化与社会"国际研讨会。原本已十分忙碌的思成，此间还被外交部推荐，出任联合国大厦设计顾问团的中国代表。

生活安定下来，思成的薪水足可以养家糊口，林徽因支持他出国，希望他能在建筑事业上再创辉煌。事实上，梁思成出国后，国内的林徽因也没闲着，她把自己的藏书贡献给了清华大学，只要是建筑系的学生，都可以去她家中查找资料，借阅图书。即使他们夫妇二人十分努力地生活，此时因为通货膨胀，大米由 900

倾我所能去坚强

元一斤，涨到了 2000 元一斤，他们一家的生活还是入不敷出，必须靠典当衣物来生活。

生活的艰难，让徽因考虑到学生的生计问题。为了让学生们能吃上饭，她组织建筑系的一些人成立了工艺美术设计组，在外承接关于设计类的工作，而所得的收入便为学生们购买颜料、纸张、文具等，好让生活困难的学生们将省下的钱来用于生计。

学生们喜欢林先生，有什么问题去找她，她总能滔滔不绝地向学生传授经验。她健谈，不藏私，尽着最大的努力做着建筑普及和教育的工作。她在学生面前笑着，尽量装得像个正常人，她不希望学生因为担心她的身体而不好意思拜访她。她强力压制着咳喘，尽量让自己呼吸平稳，等学生散去后，她终于支撑不住，呻吟着躺到了床上，全身冒虚汗，半天喘不过气来。

1947 年，徽因的病情再一次加重，医生建议她摘除被结核病菌感染的一侧肾。那时，徽因一直发烧，并不适合手术，医生建议手术延后。可是徽因的身体太过虚弱，病情拖到 10 月，她才住进了医院。不过，徽因并没有立刻手术，她的病情十分不稳定，不是发烧就是引发了其他并发症，导致手术一拖再拖。她在医院里心情极为烦躁，希望这种折磨能够早早结束，哪怕是坏的结果。在医院时，她通过诗歌宣泄了自己的心情——《恶劣的心绪》：

我病中，这样缠住忧虑和烦扰，

第八章

风华绝代：愿与苦难同行

好像西北冷风，从沙漠荒原吹起，

逐步吹入黄昏街头巷尾的垃圾堆；

在霉腐的琐屑里寻讨安慰，

自己在万物消耗以后的残骸中惊骇，

又一点一点给别人扬起可怕的尘埃！

吹散记忆正如陈旧的报纸飘在各处彷徨，

破碎支离的记录只颠倒提示过去的骚乱。

多余的理性还像一只饥饿的野狗

那样追着空罐同肉骨，自己寂寞的追着

咬嚼人类的伤感；生活是什么还都说不上来，

摆在眼前的已是这许多渣滓！

我希望：风停了；今晚情绪能像一场小雪，

沉默的白色轻轻降落地上；

雪花每片对自己和他人都带一星耐性的仁慈，

一层一层把恶劣残破和痛苦的一起掩藏；

在美丽明早的晨光下，焦心暂不必再有，——

绝望要来时，索性是雪后残酷的寒流！

在写这首诗时，徽因刻意留下了时间："三十六年十二月病

倾我所能去坚强

中动手术前。"她之前写诗，很少留下具体时间，而这次不知道是不是意味着告别，或是为自己为数不多的生命做一个标识与印记。

12月24日，徽因被推进了手术室，她的手术成功了，但因为体质太差，导致术后相当长时间伤口无法愈合。思成那时回到了北京，为了给徽因补充身体的营养，他尽最大的能力购买药物和营养品。他每天往返于清华与医院，徽因心疼他，他的脊椎不好，经受不起这样的折腾。手术低烧消退后，徽因坚持出院，然后回到了自己的家中。

徽因静养虚弱的身体，与死神做着斗争。为了让徽因不再忙校园里工作的事，梁家门前，还竖了一块木牌。林洙第一次来到梁家门前时记录下了牌子上的内容："我来到清华教师住宅区新林院8号梁家门口，在院门口看见那儿竖着一个木牌子，上面写着'这里住着一个重病人，她需要休息、安静，希望小朋友们不要在此玩耍嬉闹'。"

徽因的身体在静养中一天天好起来，后来她能下床了，精神也有了些许恢复。没多久，她又将注意力放到了建筑上。解放战争开始以后，文物被大批量毁坏，林徽因心痛不已。当她得知中国人民解放军有保护文物建筑的告示后，不顾身体状态，亲自到西门观看。之后，中国人民解放军的代表来到清华园，向梁思成询问意见。梁思成毫不犹豫地答应下来，并在最短的时间内组织人员，开始编写《全国重要文物建筑简目》，在这本厚厚的手册中，

第八章

风华绝代：愿与苦难同行

共有 450 多条，重点加圈的近 200 条。每个条目下都详细地记录了该文物建筑的所在地点、性质、建造和重修年代、意义，以及价值。

林徽因参与到了这项工作中，并对全册条目一一审核，在扉页上，她特别提示："本简目主要目的，在供人民解放军作战及接管保护文物之用。"新中国成立后，这本手册成为《全国重点文物保护目录》，由国务院颁布，为各地的文物建筑保护、研究、调查工作提供了指导和依据。

工作一旦展开，便像洪水一样再次向林徽因袭来。1949 年，林徽因被清华大学聘为建筑系一级教授，主讲中国建筑史，并为研究生开设住宅概念等课程。同年，林徽因和清华大学七位老师，一同接受了设计国徽的任务。

工作，让她证明自己还活着。她接到任务以后，立刻投入工作中。她站在台上讲课，为学生批改作业，回到家中后又开始从事国徽的设计工作。她不再躺在床上迎接"时间客人"，而是变成了时间的主人。创意审核不通过，他们小组就要夜以继日查资料、翻阅古书、修改设计方案……她吃不好，睡不好，心里想的，手里做的，全是工作的事。高速运转的生活，常人都无法承受，徽因和思成仍然坚持在一线。创意审核通过后，他们的工作并没有就此停止，而是开始讨论颜色的选择、材质的选取等工作。那时，他们家中四处是图纸，几乎没有落脚之地。徽因累到体力不支，就躺在床上画图。

倾我所能去坚强

国徽设计完成了，汽车把制作好的国徽模型拉走后，思成和徽因终于支撑不住倒下了。1950年6月23日，林徽因被特邀出席了全国政协第一届二次会议。在会议上，正式确定了中华人民共和国国徽。那一刻，林徽因心中百感交集，她虚弱得几乎无法从椅上站立起来，但依然觉得所有的付出都是值得的。她是光荣的，没人知道她为了这一刻付出了多少，但不重要了，历史会帮她记录下来。

国徽设计完成后，林徽因再次病倒，她没办法站在讲台上讲课，就让学生到家里来上课。上课之余，她开始在家里写文章。1951年4月，林徽因、梁思成在《新观察》杂志上发表了《北京——都市计划的无比杰作》；7月，他们组织清华大学建筑系共同译注了《城市计划大纲》；8月，林徽因在《新观察》杂志上发表了《谈北京的几个文物建筑》……

此后，林徽因写了几十篇文章，都与建筑有关。那时，新中国刚刚成立，正是建设之初，她用自己最后的一点儿心血，尽着自己最后的努力。

林徽因从李庄去重庆检查身体时，医生告诉梁思成，她没多久时间了。可是，林徽因靠着自己的信念与意志，又顽强地活了许多年。对于一个对生命绝望的人来说，病魔早已把一个人压垮，可对于林徽因来说，她总有一股向阳而生的力量。她坚持坚持再坚持，与死神讨价还价，只要还能为建筑出一份力，她就不允许

风华绝代：愿与苦难同行

自己倒下。

她称自己是"旧人"，变不出什么新花样来。可就因为她是个"旧人"，接受了旧式教育，才有心怀家国天下的精神。当然，她也是一个"新人"，她留洋归国，用新式教育做着关于古代建筑的工作。

做人，她是旧的；做事，她是新的。

在中国传统文化教育中，既有庄子、老子的豁达与逍遥，又有儒家的为人处世的浑厚感。许多人说，这是矛盾的，其实不然。当我们行走世间，儒家的教育会让我们变得厚重，为人处世更为得体；当自己一个人遇到困难时，老庄哲学会让我们懂得放下，内心不纠结……

做人，要讲规矩和法则。

然而，不管做人还是做自己，我们总要有一股向上而生的力量，让自己在任何困难中，都不倒下。事实上，常人与伟人，差别就在于这一点点的坚持，坚持下去就成了，放弃就沦为平庸。

不要觉得坚持很难，这是每个人性格中都有的东西，它没有技巧，没有方法，唯一有的就是咬紧牙关，撑下去。

一代才女林徽因

　　人一出生，便在告别。告别童年远去的故乡，告别旧时老友，告别亲友伴侣……最终，我们还要学会与自己告别。死亡，是一个可怕的字眼，没人愿意让生命凋谢，但对于某些人来说，死亡却又是一种解脱。流年逝去，繁华落尽，再华贵荣耀的生命，终逃不过辞别的苍凉。亲友离去，我们会感叹生命无常；到了自己，再苦的酒都要自己独尝。

　　活着的人，没体会过死，不知道这是一种残忍，还是一种解脱。不同的人或许有不同的答案，至于是什么，只有到了生命的最后一刻我们才能知晓。

　　最好是解脱，解脱了，生命也就圆满了。

　　新中国成立后，林徽因病得已经不成样子。1955 年，徽因和思成在医院里迎接了新年。他们住在不同的病房，思成一直担心

第八章

风华绝代：愿与苦难同行

着徽因的身体。每次护士来查房，他总要向护士询问徽因怎样了。他怕徽因寂寞，有时在报纸上看到了什么好文章，就请护士带过去给徽因读，说她听到了一定会高兴。

思成的病也是肺结核，不过是前期，只要卧床休息，慢慢就能好起来。等他能轻微活动以后，他就去徽因的病房陪着她。他与她一起回忆吃苦的幸福，与她一起畅想未来，有时还会讲讲再冰的工作情况……

之前，她的身体反反复复，虽然总坏，但慢慢调养就能变好。如今，她的身体坏掉了，却再也没有好起来。她日渐衰弱，昏迷的时间越来越长，她气息微弱，他总怕她去了。他常常握着她的手，希望她能再坚强一次，就一次……

思成的身体快好了，马上可以展开工作了，他想把工作带到她的病床前，似乎只有这样才能唤回她即将远去的灵魂。可这时，思成没有工作了。全国建筑界对他开始了"以梁思成为代表的资产阶级唯美主义的复古主义思想"的批判，认为建筑设计中"复古主义""形式主义"的倾向是浪费资源的现象。这一批判引发了不小的轰动，各大报纸上陆续刊载有关建筑浪费现象的文章。

梁思成和林徽因苦心研究几十年的建筑成果，竟然遭到了全国的批判，他感到不可思议。他反思自己一路走来对于建筑上的考察与研究，认为自己并没有错。虽然大屋顶建筑确实可能存在"浪费"，但他个人却没有设计过一座大屋顶的建筑。

倾我所能去坚强

长时间以来，思成承受着被人误解的折磨，他变得沉默寡言，不再与林徽因聊天解闷。朋友来探访徽因时，话里话外她总能感觉到不对劲。

纸包不住火，最后徽因还是知道了全国对于他们建筑上的批判。这个打击，令饱受疾病折磨的她彻底被击垮了。看得比自己生命还重的建筑学，竟然遭到批判，她怎么能承受得住？

是的，她的生命之树被连根拔起，这一次，她再没力量向阳而生了。

3月的北京，大风阵阵呼啸，像是要卷走谁的生命。在天地一片昏黄间，林徽因的生命也进入了昏迷期。她气若游丝，医护人员对她进行了最后的抢救。

一个星期过去了，她从昏迷中醒来。她没有说话的力气，不过，她还是表达了她最后的愿望，她想见一见徐志摩的前妻——张幼仪。

没人知道她为什么要见徐志摩的前妻，但是在张幼仪看来，她是为了徐志摩。在张幼仪的传记里，她说："一个朋友来对我说，林徽因在医院里，刚熬过肺结核大手术，大概活不久了。……做啥林徽因要见我？我要带着阿欢和孙辈去。她虚弱得不能说话，只看着我们，头摆来摆去，好像打量我，我不晓得她想看什么。大概是我不好看，也绷着脸……我想，她此刻要见我一面，是因为她爱徐志摩，也想看一眼他的孩子。"

因为张幼仪是徐志摩的前妻，很容易让人以为，她还爱着徐

风华绝代：愿与苦难同行

志摩。其实，张幼仪和林徽因是一样坚强的女人。她们都在人生中遭遇了低谷，最后都成长为出色的女性。低谷没有击垮她们，反而让她们越来越好。

对于张幼仪，林徽因是抱歉的。她从来没有想过，她的出现会让这个女人成为中国第一个离婚的女人。这是林徽因的心结，这是她的忏悔，她没办法忘记。

林徽因的病危通知书很快下来了，那几天，她一直高烧不退，生命处于弥留之际。她的肺部大面积感染，无论如何抢救，终究没有挽回住她的生命。

1955 年 4 月 1 日上午 6 时 20 分，林徽因离开了，享年 51 岁。

4 月 2 日，《北京日报》刊发了林徽因病逝的讣告，治丧委员会由张奚若、周培源、钱端升、钱伟长、金岳霖等十三人组成。

4 月 3 日，林徽因的追悼会在北京市金鱼胡同贤良寺举行。花圈和挽联上，有她的好友亲笔题词。其中，最为醒目的便是金岳霖为徽因写的挽联：

一身诗意千寻瀑

万古人间四月天

林徽因生前参与了国徽和人民英雄纪念碑的设计，因她的特殊贡献，北京市人民政府决定，将她的遗体安葬在八宝山革命公墓。

倾我所能去坚强

人民英雄纪念碑建筑委员会也因她的贡献，将林徽因生前设计的纪念碑雕饰刻样移到了她的墓碑上。墓碑上镌刻着：

建筑师林徽因墓

一代才女、建筑师，在那个春天生命落下帷幕。她是一树一树的花开，是燕在梁间的呢喃，是爱，是暖，是希望，是人间最美的四月天！

四月，似乎贯彻了她一生，即使离去，她也要选择最美的时节。在建筑上，她把自己活成了男人，可她到底是一个女子。

第二次文代会上，萧乾远远地看见了林徽因，她的一声呼唤，他坐到了她身边。他像以往一样，叫她："林小姐。"

徽因有点儿感慨，但没有一点儿伤感，她打趣地说："哎呀，还小姐哪，都老成什么样子啦。"

萧乾真诚地安慰着她："精神不老，就永远不老。"

她不会老，永远不会，像她参与设计的国徽和人民英雄纪念碑，她永远在我们心中，是一个真正的女英雄。